Aufstriche

für Brunch & Lunch

Renate Stix

Aufstriche

für Brunch & Lunch

Cremes • Pasteten • Terrinen • Gelees
und viele kreative Ideen

Inhalt

Vorspeisen 10

Erbsen-Tunfisch-Aufstrich 12
Frühlingszwiebelaufstrich mit Ziegenkäse 12
Süße Tunfischpaste mit Zuckermais 13
Tomatencarpaccio mit Tunfischcreme 13
Tomatenmarmelade 14
Schafkäse-Auberginen-Creme 16
Schafkäse-Auberginen-Salat 16
Schafskäseterrine 17
Puten-Aufstrich 18
Pesto mit Rucola 18
Kräuterschafskäseaufstrich 20
Leberpastete mit Zwiebel 21
Rehleberparfait 22
Lachs-Tatar 23
Polentataler mit Lachstatar 23
Curry-Topfen 24
Curry-Reis-Salat 24
Krabbenaufstrich mit Sellerie 26
Räucherlachs-Mousse 26
Geflügelleber-Parfait 27
Aufstrichallerlei 27
Pilz-Aufstrich 28
Fitness-Topfen 28
Tunfischcreme 30
Gegrillter Schafskäse mit Tunfischcreme 30
Mozzarella-Aufstrich 31
Käsebällchen mit Kapernöl 31
Bärlauch-Frischkäse-Creme 32
Bärlauch-Avocado-Salat 32
Bunter Aufstrich 33
Pikant gefüllter Paprika 33
Basilikum-Pesto 34
Rotes Pesto 34
Heringsaufstrich 36
Nudelsalat mit Heringen 36
Lachs-Ei-Mousse 37
Gefüllte Eier 37

Frühstück 38

Dörrpflaumen-Bananen-Aufstrich 40
Bananenmus 40
Vitamin-Aufstrich 40
Erdbeerbutter 41
Topfenbrötchen mit Erdbeerbutter 41
Honig-Nuss-Butter 42
Bagel mit Honig-Nuss-Butter 42
Himbeertopfen 43
Kartoffelweckerl mit Himbeertopfen 43
Heidelbeer-Marzipan-Aufstrich 44
Waldfruchtaufstrich mit weißer Schokolade 44
Apfel-Bananen-Püree 46
Apfel-Bananen-Müsli 46
Kokos-Aufstrich 46
Birnen-Karamell-Aufstrich 47
Trockenfrüchte-Aufstrich 47
Walnuss-Frucht-Aufstrich 48
Croissants 49
Nougataufstrich 49
Dattelmarmelade 49

Jause 50

Schokocreme 52
Palatschinken mit Schokocreme 52
Kakao-Nusscreme 53
Knuspriges Nussbrot
mit Kakao-Nuss-Creme 53
Feuriger Dip für Couch-Potatoes 54
Pikante Fleischbällchen
mit feurigem Dip 54
Gemüse-Aufstriche 56
Zucchini-Aufstrich mit Hüttenkäse 57
Radieschen-Frischkäse 57
Eier-Tomaten-Aufstrich 58
Würziger Käseaufstrich mit Basilikum 60
Knusprige Kartoffeln mit Käsedip 60
Pikante Forellen-Creme 61
Buttermilch-Aufstrich mit Kren 61
Parmesan-Aufstrich 62
Verhackertes 62
Vegetarischer Sesamaufstrich 63
Scharfer Schafkäsetopfen 63
Salami-Frischkäse-Creme 64
Porree-Schinken-Aufstrich 66
Sonnenblumenvollkornbrot 66
Steirischer Kürbisaufstrich 67
Roter Zucchini-Aufstrich 67
Osteraufstrich 68
Osterbrot 68
Weißweinaufstrich 69
Gefüllte Käsewindbeutel 69
Käse-Pilz-Aufstrich 70
Schwarzbrot 70
Kräuter-Aufstrich 72
Tomaten-Zwiebel-Dip 72
Frühlingsaufstrich 73
Karottenbrot 73
Tunfisch-Kapern-Aufstrich 74
Fischbrötchen mit
Tunfisch-Kapern-Aufstrich 74
Heller Bieraufstrich 74
Schnittlauch-Jogurt 75
Schnittlauch-Jogurt
mit frittierten Teigbällchen 75
Camembert-Bier-Aufstrich 76
Camembert-Omelette 76
Ananas-Marillen-Konfitüre 78
Ananas-Marillen-Krapfen 78
Rucola-Aufstrich 79
Scharfe Gurkenscheiben 79
Camembert-Tatar 80
Mit Camembert überbackene Rösti 80
Karotten-Nuss-Aufstrich 81
Gebackene Käsewürfel 81

Mittagessen 82

Tsatsiki 84
Gyros mit Tsatsiki 84
Karotten-Petersilien-Butter 85
Grüne Nudeln mit Karotten-Butter 85
Kren-Nuss-Butter 86
Jogurt-Butter mit Curry 86
Tomaten-Nuss-Pesto 87
Spaghetti mit Tomaten-Nuss-Pesto 87
Kartoffelcreme mit schwarzen Oliven 88
Kartoffel-Oliven-Suppe 88
Kartoffel-Knoblauch-Creme 90
Gegrillte Forelle mit Kartoffel-Creme 90
Heidelbeer-Käse 91
Hirschsteak mit Heidelbeer-Käse 91
Apfel-Karotten-Aufstrich
mit Buttermilch 92
Schinken-Käse-Laibchen 92
Leberwurst à la maison 93
Tsatsiki mit Soja-Sahne 94
Gurkensuppe mit Käsestangen 94
Petersilien-Mandel-Aufstrich 96
Frühlingsdip mit Zwiebeln 96
Spinat-Walnuss-Creme 97
Kartoffel-Tortillas 97

Kürbiskonfitüre 98
Marillen-Creme 99
Gefüllte Hühnerbrust 99
Sesam-Zucchini-Püree 100
Buchweizenblinis
mit Sesam-Zucchini-Püree 100
Gorgonzola-Aufstrich 102
Nudeln mit Gorgonzola-Soße 102
Tomaten-Paprika-Aufstrich
mit Thymian 103
Italienische Reislaibchen 103
Mandel-Lauch-Butter 104
Gegrillte Fischspieße 104
Kräuterbutter 105
Lammspießchen 105
Ölsardinenaufstrich 106
Nudeltaschen mit Fischfülle 106
Pilz-Aufstrich 107
Pilz-Strudel 107
Steireraufstrich 108
Steirerauflauf 108
Pikanter Schinkenaufstrich 110
Würzige Schinkenfleckerl 110
Resteaufstrich 111
Kartoffelauflauf 111
Püree von weißen Bohnen 112
Gebratene Zucchinischeiben
mit Bohnenpüree 112
Zwiebel-Nuss-Butter mit Kräutern 113

Desserts 114

Aloe-vera-Erdbeer-Topfen 116
Aloe-vera-Erdbeer-Terrine 116
Honigbutter 117
Crêpes 117
Bunter Fruchttopfen 118
Topfencreme mit frischen Früchten 118
Buttermilch-Karamell 120
Buttermilch-Karamell-Terrine 120
Dattel-Marzipan-Aufstrich 121
Beeren mit Marzipanhaube 121
Fruchtiger Kirschaufstrich 122
Maronen-Aufstrich 122
Mandelmus 123
Mandel-Tiramisu 123

Kalte Platten 124

Pikante Topfencreme 126
Kräuter-Topfencreme 126
Diabolo-Topfencreme 126
Curry-Topfencreme 126
Senf-Topfencreme 127
Kren-Topfencreme 127
Johannisbeer-Topfencreme 127
Sonnenblumenkern-Aufstrich 128
Petersilien-Aufstrich 128
Kren-Gemüse-Aufstrich 129
Kartoffel-Fisch-Creme 129
Paprika-Chili-Gelee 130
Oliven-Fisch-Paste 130
Creme de Cassis 132
Bruschetta mit Tomaten 132
Auberginen-Sesam-Creme 133
Würziger Apfel-Zwiebel-Aufstrich 133
Kapern-Gurken-Aufstrich
mit Paprika 134
Falscher Lachsaufstrich 134
Sardellenbutter mit Kräutern 135
Anchovis-Bruschetta 135
Entenaufstrich 136
Tomatentopfen 136
Ajvar-Topfen-Aufstrich 137
Tunfischmousse
in schwarzer Olivensoße 137
Geflügelleberterrine 138
Tomaten-Ziegenkäse-Aufstrich 138
Italienische Oliven-Kapern-Paste 140
Kräuterbrot 140

Sardellentopfen mit Zwiebel 141
Räuchertofu-Aufstrich mit roten Bohnen 141
Kürbiskernaufstrich mit Schnittlauch 142
Käsecreme mit Sambal Oelek 142
Gänseblümchenkäse 143
Gurkentopfen mit Kren 143
Würziger Fischaufstrich 144
Gemischter Wurstaufstrich 144
Knoblauch-Aufstrich 145
Liptauer 145
Tomaten-Karotten-Aufstrich 146
Apfel-Schmalz mit Zwiebeln 146
Topfenaufstrich 148
Schinken- und Käserollen 148
Oliven-Basilikum-Topfen mit Walnüssen 149
Fruchtiger Sellerie-Topfen-Aufstrich 149
Auberginenpüree 150
Jäger-Frischkäse 150
Selbst gemachter Frischkäse 151
Lachs-Frischkäse 151
Radieschen-Frischkäse 151
Gewürz-Frischkäse 151
Spinat-Käse-Aufstrich 152
Forellenmousse 152
Paprika-Fisch-Aufstrich mit Dill 153
Tofu mit Roten Rüben 153
Champignon-Topfen mit Schinken 154
Höllenaufstrich 154
Vegetarische Leberwurst 156
Feta-Oliven-Aufstrich 156
Blauschimmelkäse-Dip 157
Hühnerleberaufstrich 157
Gurken-Ricotta-Aufstrich 158
Weißwein-Apfel-Aufstrich mit Hühnerleber 159
Knoblauchschmalz 160
Heilbutt-Oliven-Aufstrich 160
Schinken-Ei-Aufstrich 161
Fleisch-Aufstrich 161
Beef-Tatar 162
Schinken-Kren-Aufstrich 164
Shrimps-Aufstrich 164
Rinderzungen-Aufstrich 165
Schinken-Limetten-Aufstrich 165
Wurst-Paprika-Aufstrich 166
Schinken-Mousse mit Gorgonzola 167
Shrimps-Avocado-Aufstrich 168
Süße Tunfischpaste 168
Emmentalercreme 169
Linsen-Zucchini-Aufstrich 169

Abendessen 170

Scharfer Linsenaufstrich 172
Ziegenkäse-Aufstrich 173
Tofulaibchen mit Ziegekäse-Dip und Tomatensalat 173
Griechischer Feta-Aufstrich 174
Gebratene Melanzani mit Feta-Aufstrich 174
Tofu-Aufstrich, mediterran 176
Vegetarische Laibchen 176
Salami-Ei-Aufstrich 177
Olivenbrot 177
Kren-Aufstrich 178
Folienkartoffeln mit Kren-Aufstrich 178
Wildkräuterbutter 179
Wildkräuter-Zipfel 179
Sauerrahm-Dip 179
Dunkler Bieraufstrich mit Schinken 180
Vollkorn-Mischbrot 180
Bauernpastete 182
Champignon-Enten-Terrine 183
Bärlauchaufstrich 184
Überbackene Bärlauchpalatschinken 184
Brennnessel-Topfen 185
Bratkartoffeln mit Brennnessel-Topfen 185
Asiatische Schinkencreme 186
Frühlingsrollen mit fruchtiger Fülle 186
Käsetatar mit Paprika 188
Würziges Bauernbrot 188
Kalbsleber-Speck-Aufstrich 189
Kalbfleisch-Aufstrich 190

Vorwort

Brotaufstrich – das ist eigentlich ein Begriff, der nicht unbedingt nach kulinarischer Raffinesse klingt. Für mich beinhaltet er aber sehr viel.

Aus einem Brotaufstrich kann man Pasteten, Mousse oder Sulz dekorativ zubereiten. Dieser „unbedeutende" Brotaufstrich verköstigt auf einfachste, aber sensationelle Weise eine Vielzahl an Gästen und lässt dabei für niemanden Wünsche offen. Mit Brotaufstrichen hat man die Möglichkeit, für jedermann das Richtige zu kreieren.

Dabei ist es egal, ob jemand ein Süßer, ein Salziger, ein Deftiger oder ein Vegetarier ist. Mit ein paar Handgriffen ist für jeden etwas dabei.

Ich liebe es, Feste zu feiern. Am liebsten habe ich meine ganze Familie um mich. Es gibt für mich nichts Schöneres, als wenn meine Großmutter mit ihren Enkeln, meine Mutter mit der Katze, und mein Vater immer wieder zwischendurch auf der Wohnzimmerbank rasten. Ich weiß nicht, wie es Ihnen geht, aber mir ist es am liebsten, wenn diese Feste mit einem guten Frühstück beginnen und spätabends mit einem herzhaften Imbiss enden.

Meine größte Kritikerin ist meine ältere Schwester, die ich überzeugen musste, wie einfach es ist, solche Feste zu feiern. Wenn die Gäste morgens eintrudeln, verwöhne ich sie mit einem bunten Sortiment an Aufstrichen, die ich schon am Vortag vorbereitet habe, und frischem Gebäck. Jeder in meiner Familie hat seine ganz speziellen Vorlieben. Als gute Gastgeberin versuche ich immer, auf alle Familienmitglieder einzugehen. Es gibt für jeden die passende Sorte Tee, Kaffee, frisch gepresste Säfte und natürlich für meine Kleinen den Schokoaufstrich und für die etwas Größeren die Schokomarmelade. Nach der ersten großen Pause koche ich verschiedene Nudelsorten, rühre einen Aufstrich darunter und alle lassen es sich so richtig schmecken. Wir gestalten den Tag immer so, dass wir zwischendurch lange Spaziergänge machen und uns über vieles unterhalten. Wenn der erste dann meint, er hätte doch wieder Hunger, streiche ich manche Aufstriche auf Brote, schiebe sie in den Ofen und serviere sie. So vergehen die Stunden und wenn am späten Abend meine Gäste gehen, dann natürlich immer nur mit ein paar Resten meiner Aufstriche.

Ich möchte Ihnen damit zeigen, dass es nicht immer eine gefüllte Gans oder einen Schweinebraten geben muss, um einen Tag mit seiner Familie bei einem Festmahl zu verbringen.

Viel Spaß beim Ausprobieren und Variieren dieser Aufstrich-Rezepte wünscht Ihnen

Renate Stix

Vorspeisen

Erbsen-Tunfisch-Aufstrich

4 Portionen

1 Dose Tunfisch, natur
1/2 kleine Zwiebel
4 EL Sauerrahm
(saure Sahne)
Cayennepfeffer
5 Kapern
Salz, Pfeffer
20 g Erbsen, gekocht
1 Salatkopf
2 Tomaten

Zwiebel kleinwürfelig schneiden. Tunfischsaft abgießen. In einer Schüssel Tunfisch, Zwiebel, Sauerrahm und Kapern verrühren. Mit Salz und Pfeffer würzen.
Mit dem Pürierstab zu einer feinen Soße pürieren.

Tomaten in Spalten schneiden. Salat waschen und kleinzupfen. Auf Tellern anrichten und die Tunfischmasse daraufgeben. Mit den Tomatenspalten garnieren.

Tipp: Den Salat mit Balsamicoessig, Olivenöl, frisch gemahlenem Pfeffer und wenig Salz würzen und mit getoastetem Toastbrot als Vorspeise servieren.

Frühlingszwiebelaufstrich mit Ziegenkäse

4 Portionen

150 g Ziegenfrischkäse
2 Frühlingszwiebeln
2 TL Honig
1 Knoblauchzehe
2 EL Basilikumpesto
1 EL Zitronensaft
Salz, Pfeffer

Jungzwiebeln in feine Ringe schneiden. Knoblauchzehe fein hacken. Alle Zutaten vermischen, mit Salz, Pfeffer und Zitronensaft abschmecken. Im Kühlschrank etwas durchziehen lassen.

Tipp: Eignet sich auch als Vorspeise auf frischen Feigen (dabei die Salbei-Rosmarin-Version verwenden) oder auf Feldsalat mit Kürbiskernöl beträufelt (Schnittlauch-Petersilie-Version).

Süße Tunfischpaste
mit Zuckermais

Frühlingszwiebeln und Karotten putzen und fein hacken. Mit dem Tunfisch und dem Mais mischen und Sauerrahm und Senf dazugeben, bis eine cremige Masse entsteht.

Tipp: Man kann auch grünen, gelben oder roten Paprika – kleingeschnitten – dazugeben.

4 Portionen

2 Dosen Tunfisch, im eigenen Saft
1 Bund Frühlingszwiebel
3 Karotten
1 kleine Dose Zuckermais
200 g Sauerrahm *(saure Sahne)*
100 g Senf, süß

Brunch & Lunch

Tomatencarpaccio
mit Tunfischcreme

Tomaten waschen, in Scheiben schneiden und den Strunk entfernen. Auf einer großen Platte verteilen, mit Öl und Essig beträufeln und mit Salz und Pfeffer würzen.

Die Tunfischpaste darüberstreichen und mit Parmesan bestreut servieren.

6 große Fleischtomaten
100 g Parmesan
2 EL Weißweinessig
2 EL Olivenöl
Salz, Pfeffer

Tomatenmarmelade

4 Gläser à 250 g

1 kg Tomaten
1 TL Zitronensaft
Schale von
2 unbehandelten
Zitronen
1 kg Gelierzucker, 1:1
1 Prise Zimt

Tomaten waschen und kurz in wallend kochendes Wasser geben, damit sie sich leicht enthäuten lassen. Den Strunk entfernen, kleinschneiden und anschließend mit dem Pürierstab fein pürieren.

Zitronensaft, Zitronenschale und Gelierzucker unter die Tomatenmasse rühren und ca. 3 Stunden gut durchziehen lassen.

Unter Rühren langsam zum Kochen bringen.
Vier Minuten sprudelnd kochen lassen.

Noch heiß in verschraubbare Gläser füllen und verschließen. Gläser auf den Deckel stellen und abkühlen lassen.

Tipp: Für einen Aperitif die Tomatenmarmelade mit etwas Weißwein verrühren, in Sektgläser füllen und mit Prosecco aufgießen.

Schafkäse-Auberginen-Creme

4 Portionen

600 g Auberginen
4 Knoblauchzehen
250 g Schafkäse
1 EL Zitronensaft
1 TL frischer Oregano
Salz, Pfeffer

Den Backofen auf 180 °C vorheizen. Die Auberginen waschen, längs halbieren und auf ein mit Backpapier belegtes Backblech mit der Schnittfläche nach unten legen. 30 Minuten garen. Die Auberginen herausnehmen und die Stängelansätze entfernen.

Den Knoblauch schälen und mit den Auberginen und dem Schafkäse im Mixer pürieren. Mit Zitronensaft, Salz, Pfeffer und Oregano abschmecken. 30 Minuten kaltstellen.

Brunch & Lunch

Schafkäse-Auberginen-Salat

300 g Penne
2 Tomaten
1 Paprika, grün
3 EL Balsamicoessig

Penne kochen und kalt abschrecken. Auberginencreme unterrühren, fein geschnittene Tomaten- und Paprikastücke und 3 EL Balsamicoessig dazugeben.

Dieser Sommersalat schmeckt hervorragend zu Gegrilltem!

Schafskäseterrine

Terrinenform (Inhalt ca. 750 ml) mit kaltem Wasser ausspülen und mit Frischhaltefolie auslegen. Schafskäse durch ein feines Sieb streichen und mit Jogurt, Salz, Pfeffer und Rosmarin gut verrühren. Gelatine in kaltem Wasser einweichen. Obers schlagen und kühlstellen. Milch erwärmen, Gelatine gut ausdrücken, darin auflösen und mit 2 EL von der Käsemasse verrühren, die übrige Masse zügig einrühren, Schlagobers unterheben. Die Masse in die vorbereitete Form füllen, glatt verstreichen und mit Frischhaltefolie zugedeckt ca. 6 Stunden kühlstellen. Salatherz vierteln, waschen und gut abtropfen lassen. Weinessig mit Salz, Pfeffer und Petersilie vermischen, Öl unter ständigem Rühren zugießen. Terrine aus dem Kühlschrank nehmen, stürzen und die Folie entfernen. Terrine in Scheiben schneiden, mit den Salatherzen und der Marinade anrichten – am Schluss mit Balsamicoessig beträufeln.

Tipp: Dazu passen hervorragend gebratene Kirschtomaten und Fladenbrotstreifen.

4 Portionen

125 g Schafskäse
250 ml Jogurt aus Schafsmilch
1 TL Rosmarin, frisch, fein gehackt
5 Blatt Gelatine
250 ml Schlagobers
2 EL Milch

Zur Dekoration:

1 Salatherz, grün
5 EL Weinessig
1 EL Petersilie, gehackt
8 EL Olivenöl
1 EL Balsamicoessig
Salz, Pfeffer

Puten-Aufstrich

4 Portionen

100 g Putenbrust
125 g Frischkäse
60 g Butter, zimmerwarm
1 Spr. Zitronensaft
1 EL Marsalawein
1 TL Röstzwiebel
4 Tropfen Tabasco
3 Tropfen Worcestersauce
1 Prise Chiligewürz
1 Msp. Honig
Pfeffer

Putenbrust in kleine Würfel schneiden und in einer Pfanne mit wenig Öl durchbraten. Vom Herd nehmen und auskühlen lassen. Anschließend mit dem Pürierstab fein pürieren. Die Röstzwiebel klein schneiden.

In einer Schüssel die Butter schaumig rühren. Frischkäse und Putenbrust untermengen. Honig, Marsala, Röstzwiebel und Zitronensaft unter die Masse heben.

Mit Chiligewürz, Tabasco, Worcestersauce und Pfeffer würzen.

Tipp: Den Aufstrich auf Käsescheiben streichen und zu Rollen formen. Auf mit Balsamicoessig und Olivenöl mariniertem Rucola-Salat servieren. Zum Abschluss mit Paprikawürfeln bestreuen.

Pesto mit Rucola

10 Portionen (ca. 3 Gläser)

2 Bund Rucola
1/4 TL Zitronenschale, unbehandelt und gerieben
100 g Spinatblätter
1 Bund Petersilie
2 EL Pinienkerne
2 EL Parmesan, frisch gerieben
4 Knoblauchzehen
100 ml Olivenöl
Pfeffer, Salz

Spinat- und Rucolablätter waschen und gut abtrocknen. Petersilie ebenfalls waschen, abtropfen lassen und kleinhacken. Rucola, Spinatblätter, Petersilie, Pinienkerne, Zitronenschale, Parmesan, gepressten Knoblauch und Olivenöl im Mixer zu einer dünnen Paste verarbeiten und mit Pfeffer und Salz würzen.

Tipp: Dieses Pesto schmeckt sehr gut auf Nudeln, aber auch auf Bruschettas.

Kräuterschafskäseaufstrich

4 Portionen

1 Pkg. Feta-Käse
1 TL Chiliöl
1 EL Olivenöl
80 g Frischkäse, 0,2 % Fett
2 EL Schlagobers *(süße Sahne)*
2 EL Sauerrahm *(saure Sahne)*
2 Spr. Zitronensaft
1/2 TL Sambal Oelek
2 TL Tomatenmark
1 TL Paprikapulver
1/2 TL Basilikum oder 3 frische Blätter
1/2 TL Oregano
1/2 TL Kräuter der Provence
10 Oliven, grün, mit Paprika gefüllt
1 Peperoni, mild eingelegt
Salz, Pfeffer

Feta – abgetropft – in eine (mikrowellengeeignete) Schüssel legen, mit Chiliöl und Olivenöl beträufeln und mit den Kräuter (Basilikum, Oregano und Kräuter der Provence) bestreuen und für 5 Minuten bei 180 Watt in der Mikrowelle erwärmen. Man kann das Ganze auch in einem kleinen Topf erwärmen, bis der Feta etwas weicher wird.
Danach die Schafskäsemasse mit einer Gabel fein zerdrücken und in eine hohe Plastikschüssel oder in den Mixer/Zerkleinerer umfüllen. Den Frischkäse, Schlagobers und Sauerrahm zugeben und mit dem Handmixer zuerst auf kleiner Stufe und anschließend auf hoher Stufe gut verrühren, sodass eine gebundene Masse entsteht. Mit Salz, Pfeffer, Paprika, Zitrone, Tomatenmark, Sambal Oelek (je nach gewünschter Schärfe) würzen und noch einmal gut durchrühren.
Die Oliven und Peperoni in sehr kleine Stücke schneiden, zu der Schafskäsemasse geben und nochmals kurz mit einer kleinen Gabel verrühren. Mindestens 1 Stunde kühlstellen.

Tipp: Eignet sich auch gut als Vorspeise oder Beilage zu Gegrilltem oder als Party-Dip.

Leberpastete mit Zwiebel

Backofengrill auf 180 °C vorheizen.

Die Leber in eine mit Backpapier ausgelegte Auflaufform geben und mit Salz bestreuen. Im Backofen zuerst ca. 3–4 Minuten von einer Seite grillen, danach die Leber umdrehen, die zweite Seite ebenfalls mit Salz bestreuen und im Backofen so lange grillen, bis sie durchgebraten ist und sich die Farbe verändert hat. Auskühlen lassen.
Die Zwiebeln schälen und fein hacken. Öl in einem Topf erhitzen und die Zwiebeln im zugedeckten Topf bei mittlerer Hitze ca. 12 Minuten dünsten, gelegentlich umrühren.
Die Leber und die Eier im elektrischen Zerkleinerer hacken. Leber, Eier und Zwiebeln in eine Schüssel geben und mit dem Pürierstab so lange verrühren, bis eine streichfähige Masse entstanden ist.
Die Leberpastete in eine Form geben, verschließen und mindestens 2 Stunden in den Kühlschrank stellen. Danach aus der Form stürzen und mit Tomaten und frischer Petersilie garnieren.

4 Portionen

400 g Leber *(Rind)*
2 EL Pflanzenöl
2 mittelgroße Zwiebeln
4 Eier, hart gekocht
Salz, Pfeffer, schwarz

Garnierung:
4 Tomaten
1 EL gehackte Petersilie

Rehleberparfait

4 Portionen

100 g Leber vom Reh
100 g Putenleber
2 cl Cognac
2 cl Cointreau
200 g Halbfett-margarine
50 g Schalotten
150 g Äpfel
1 TL Majoran
150 ml Schlagobers
(süße Sahne)
1 Ei
Pfeffer
Piment
Muskat

Beide Leberteile grobwürfelig schneiden, mit Cognac und Cointreau beträufeln, zudecken und für 30 Minuten kühlstellen.
Inzwischen die Margarine bei milder Hitze schmelzen und wieder abkühlen, aber nicht fest werden lassen.
Die Schalotten schälen und würfelig schneiden.
Die Äpfel schälen, vierteln, das Kerngehäuse entfernen und in kleine Stücke schneiden. Von der geschmolzenen Margarine 2 EL nehmen, Schalotten und Apfelstücke darin einige Minuten unter Rühren dünsten, mit Majoran bestreuen und abkühlen lassen. Marinierte Leberstückchen und das Apfelgemisch mit dem Pürierstab fein pürieren, bis eine sämige Masse entsteht, und durch ein Haarsieb streichen.
Schlagobers mit dem Ei verquirlen und mit dem Handmixer im Wechsel mit der Margarine unter die Lebermasse schlagen. Mit Salz, Pfeffer, Piment und Muskatnuss herzhaft würzen.
Die Masse in eine Pastetenform füllen und mit Alufolie abdecken, danach in die Oberfläche ein paar Löcher schneiden.
Backrohr auf 120 °C vorheizen.
Die Form in einen Bräter stellen und so viel heißes Wasser zugießen, dass die Form zu 2/3 im Wasser steht.
Das Parfait auf der mittleren Einschubleiste 70 bis 80 Minuten pochieren. Danach bei Zimmertemperatur abkühlen lassen und vor dem Servieren mindestens 6 Stunden in den Kühlschrank stellen.

Tipp: Dazu passt hervorragend eine Heidelbeeren-Soße (100 g Heidelbeeren mit 1 EL Zucker und 2 Spritzer Balsamicoessig pürieren) und Römersalat in Vinaigrette und ein paar Weintrauben.

Lachs-Tatar

4 Portionen

2 Lachsfilets
3 Frühlingszwiebeln, klein gehackt
3/4 TL Salz
1/4 TL Pfeffer, aus der Mühle
4 EL Lemon-Öl
2 EL Sauerrahm *(saure Sahne)*
1 Prise Koriander, gemahlen
2 EL Dill, frisch, gehackt
1 TL Kapern, klein gehackt
1 Prise Zucker

Die Lachsfilets in ganz kleine Würfel schneiden und mit einem scharfen Messer nochmals hacken. Gehackte Frühlingszwiebeln untermischen, Salz, Pfeffer, Lemon-Öl und Sauerrahm dazugeben und verrühren. Am Schluss die Gewürze unterrühren und abschmecken.

Tipp: Dazu passen auch sehr gut Polentataler.

Foto Seite 10/11

Brunch & Lunch

Polentataler mit Lachstatar

180 g Maisgrieß
1/4 l Wasser
1/4 l Milch
40 g Butter
2 Eigelb
20 g Parmesan, gerieben
Salz
Muskatnuss, gerieben
Öl für das Backblech
Fett zum Ausbacken

Milch, Wasser und Butter zum Kochen bringen und den Maisgrieß einrühren. Unter ständigem Rühren gut durchkochen, bis der Grieß weich ist. Eigelb, Salz, Muskatnuss und Parmesan einrühren.

Die Masse ca. 1,5 cm hoch auf ein zart geöltes Backblech drücken und erkalten lassen. 5 cm große Taler ausstechen. In einer Pfanne das Fett erhitzen und die Polentataler darin beidseitig knusprig braun braten.

Mit dem Lachstatar servieren.

Foto Seite 10

Curry-Topfen

4 Portionen

200 g Topfen *(Quark)*
100 g Sauerrahm *(saure Sahne)*
1 EL Tomatenketchup
1 EL Currypulver
1 Prise Paprikapulver
1 TL Zucker

Topfen und Sauerrahm miteinander verrühren, bis eine cremige Masse entstanden ist.

Anschließend das Ketchup unterrühren und danach mit viel Curry, Paprikapulver und Zucker würzen.

Tipp: Curry-Topfen schmeckt nicht nur auf Brot, sondern auch auf frisch aufgeschnittenen Früchten, z. B. Ananas, Mango oder Birnen.

Brunch & Lunch

Curry-Reis-Salat

150 g Langkornreis
300 ml Wasser
etwas Suppenwürze
Salz
4 EL Weißweinessig

Reis mit Wasser, Suppenwürze und Salz weichkochen und auskühlen lassen. In eine Schüssel geben und mit Curry-Topfen und Essig vermengen.

In ein mit kaltem Wasser ausgespültes Kaffeehäferl drücken und auf einen mit bunten Salaten belegten Teller stürzen.

Krabbenaufstrich mit Sellerie

4 Portionen

100 g Nordseekrabben, geschält
1 Stange Sellerie
1 EL Dill
2 TL Kapern
100 g Frischkäse
50 g Magerjogurt
1 TL Senf, mittelscharf
1 TL Zitronensaft
Salz
Pfeffer, frisch gemahlen

Die Krabben fein schneiden. Sellerie waschen, putzen und ebenfalls klein schneiden. Dill waschen, mit dem Küchenpapier trocknen, von den groben Stängeln befreien und fein hacken. Kapern fein hacken.

Frischkäse mit Jogurt und Senf glattrühren. Die restlichen Zutaten untermengen und mit Zitronensaft, Salz und Pfeffer würzen.

Tipp: Statt Krabben kann man auch Tunfisch im eigenen Saft verwenden.

Räucherlachs-Mousse

4 Portionen

100 g Lachs, geräuchert
100 g Sauerrahm *(saure Sahne)*
100 g Schlagobers *(süße Sahne)*
4 Blätter Gelatine
1 TL Dill
1/2 kleines Glas Forellenkaviar
Salz
Pfeffer, weiß
Cayennepfeffer

Lachs in kleine Stücke schneiden und mit dem Sauerrahm mit dem Pürierstab pürieren. Gelatine in kaltem Wasser quellen lassen und dann bei milder Hitze schmelzen. Die pürierte Lachs-Sauerrahm-Mischung nach und nach unter die Gelatine rühren. Schlagobers steifschlagen und unterheben. Mit Salz, weißem Pfeffer und etwas Cayennepfeffer abschmecken. In eine Form streichen und für mindestens 4 Stunden kühlstellen. Vor dem Stürzen die Form kurz in heißes Wasser tauchen. Mit etwas Forellenkaviar und frischem Dill dekorieren.

Tipp: Damit das Mousse mehr Farbe bekommt, kann man auch etwas Tomatenmark in die Lachs-Sauerrahm-Mischung geben.

Geflügelleber-Parfait

Die Leber am Vorabend waschen und putzen. Portwein und Sherry verrühren und die Leber darin über Nacht marinieren. Am nächsten Tag aus der Marinade nehmen und gut abtropfen lassen.

Knoblauch schälen und halbieren. 30 g Butter in einer Pfanne erhitzen und Knoblauch und Leber ca. 5 Minuten darin anbraten. Leber aus der Pfanne nehmen und die Marinade ins Bratfett gießen. Bei starker Hitze auf ca. 2 EL einkochen.

Leber und Sud pürieren. Abkühlen lassen. Die restliche Butter schaumigrühren und unter das Leberpüree mengen. Mit Salz und Pfeffer abschmecken und mit Preiselbeeren und Salbeiblättern garnieren.

Tipp: Zu diesem Parfait passt ein Kürbis-Apfel-Brot.

4 Portionen

300 g Geflügelleber
4 EL Portwein
3 EL Sherry, trocken
1 Zehe Knoblauch
150 g Butter
Salz
weißer Pfeffer
1/2 TL Salbei
zum Garnieren
2 EL Preiselbeeren

Aufstrichallerlei

Paprika waschen, die Kerne entfernen und in feine Streifen schneiden. Kohlrabi schälen und mit den Radieschen grob reiben. Champignons putzen und in feine Scheibchen schneiden. Nüsse und Kürbiskerne kurz ohne Fett anrösten und mit dem Pürierstab pürieren.

Das vorbereitete Gemüse dazugeben und gemeinsam pürieren. Gehackte Petersilie, Kürbiskernöl und Essig unterrühren und mit Salz abschmecken.

4 Portionen

100 g Champignons
1 Paprika, grün
1 Bund Radieschen
1 Kohlrabi
100 g Erdnüsse, gesalzen
70 g Kürbiskerne
1 Bund Petersilie
Salz
2 EL Kürbiskernöl
1 EL Essig

Pilz-Aufstrich

4 Portionen

100 g Austernpilze
100 g Eierschwammerl
(Pfifferlinge)
100 g Champignons
2 Zehen Knoblauch
1 Zwiebel
150 g Frischkäse
2 EL Olivenöl
1 Eigelb
1 TL Thymianblättchen
Salz, Pfeffer

Zwiebel und Knoblauch schälen und kleinwürfelig schneiden. Pilze vorsichtig waschen, gut abtropfen lassen und anschließend mit dem Küchenpapier trockentupfen. Ebenfalls klein schneiden.

Eine Pfanne ohne Fett erhitzen und die Pilze unter ständigem Rühren so lange rösten, bis die ganze Flüssigkeit verdampft ist. Olivenöl, Knoblauch und Zwiebel dazugeben und eine Minute rösten. Mit Thymian, Salz und Pfeffer würzen. Pilzmasse auskühlen lassen.

In einer Schüssel Frischkäse und Eigelb gut verrühren. Die ausgekühlte Pilzmasse unterrühren und noch einmal mit Salz und Pfeffer würzen.

Tipp: Wenn man den Pilz-Aufstrich auch in Blätterteigpasteten füllt und mit Krauspetersilie garniert, hat man schnell eine gute Vorspeise.

Fitness-Topfen

4 Portionen

150 g Topfen
***(Quark)*, mager**
1 EL Essig
100 g Radieschen
200 g Gurke
100 g Frühlingszwiebeln
150 g Tomaten
Salz

Den Topfen mit dem Essig und dem Salz verrühren, bis eine cremige Masse entsteht.

Radieschen, Frühlingszwiebeln (mit dem Grün), Tomaten und Gurke würfelig schneiden. Mit dem Topfen-Dressing übergießen, gut durchmischen und kaltstellen.

Tipp: Damit kann man auch Schinken füllen oder gebratene Putenbruststückchen untermischen.
Passt auch hervorragend zu Kartoffeln oder Gegrilltem.

Tunfischcreme

4 Portionen

1 Dose Tunfisch, naturale
2 Zehen Knoblauch
3 EL Mayonnaise
2 EL Tomatenketchup
1 TL Zitronensaft
1 Spr. Tabasco

Tunfisch gründlich zerpflücken. Knoblauchzehen zerdrücken und mit dem Tunfisch verrühren. Mayonnaise, Tomatenketchup, Zitronensaft und Tabasco gut verrühren. Tunfisch sorgfältig einrühren.

Auf getoasteten Weißbrotscheiben servieren.

Tipp: Wer es nicht so scharf mag, kann den Tabasco auch einfach weglassen.

Brunch & Lunch

Gegrillter Schafskäse mit Tunfischcreme

20 Oliven, schwarz
4 Scheiben Schafskäse, ca. 1,5 cm dick
Pfeffer
20 Tomatenscheiben
1 Zwiebel
8 EL Olivenöl

Die Zwiebel in Ringe schneiden. Die Schafskäsescheiben jeweils auf ein Stück Alufolie legen. Mit je 5 Tomatenscheiben, je 5 Oliven und ein paar Zwiebelringen belegen und mit Pfeffer würzen.

Jeweils 2 EL Olivenöl darübergießen und gut in die Alufolie einwickeln. Ca. 10–15 Minuten auf dem Grill braten.

Sofort mit der Tunfischcreme servieren.

Mozzarella-Aufstrich

Majoran, Thymian, Petersilie und Basilikum waschen, gut abtropfen lassen und fein hacken. Mozzarella zerbröckeln und in eine Schüssel geben.

Jogurt, Salz, Paprikapulver, Gewürze, Tomatenmark und gepressten Knoblauch dazugeben und mit dem Pürierstab pürieren, bis eine cremige Masse entsteht.

Tipp: Passt hervorragend zu Rosmarinfladen.

4 Portionen

250 g Mozzarella
4 EL Jogurt
1/2 TL Salz
2 TL Paprikapulver, edelsüß
1/2 TL Majoran
1/2 TL Thymian
1/2 TL Petersilie
1/2 TL Basilikum
3 TL Tomatenmark
2 Zehen Knoblauch

Käsebällchen mit Kapernöl

Den Schichtkäse eine Stunde abtropfen lassen. Den getrockneten Schichtkäse in eine Schüssel geben und mit Frischkäse und Butter cremig verrühren. Mit Senf, Kren, Zitronensaft und Salz würzen. Anschließend die Masse im Kühlschrank 2 Stunden festwerden lassen.

Das Öl mit den Kapern und der Einlegeflüssigkeit gut vermengen.

Aus der Masse mit 2 Teelöffeln kleine Nocken ausstechen, auf eine Platte legen und mit dem Kapernöl servieren.

Tipp: Statt Nocken kleine Kugeln formen, in gehackter Petersilie wälzen, in ein Einmachglas schlichten, mit Olivenöl bedecken und gut verschließen. So hält sich der Aufstrich gut drei Wochen.

15 Bällchen

200 g Schichtkäse
100 g Frischkäse
60 g Butter, zimmerwarm
1 TL Senf
1/2 TL Kren, gerieben
1 EL Zitronensaft
1/2 TL Kümmel, gemahlen
5 EL Leinsamenöl
1 EL Kapern, eingelegt
1 EL Kapern-Einlegeflüssigkeit
Salz

Bärlauch-Frischkäse-Creme

4 Portionen

40 g Bärlauch
200 g Ziegenfrischkäse
2 EL Schlagobers
(Schlagsahne)
1 Avocado
1 TL Zitronensaft
1 EL Olivenöl
Salz, Pfeffer, schwarz
Löwenzahnblüten zum Bestreuen

Bärlauch waschen, trocknen und fein hacken. Ziegenfrischkäse und Schlagobers mit dem Mixer glattrühren. Bärlauch unterrühren und mit Salz und Pfeffer würzen.

Avocado der Länge nach halbieren, in Spalten schneiden und auf Tellern anrichten. Mit dem Zitronensaft bestreichen.

Die Käsemasse in einen Spritzbeutel füllen und Rosetten auf die Avocadospalten dressieren. Olivenöl darüberträufeln. Die Löwenzahnblüten zerpflücken und daraufstreuen.

Brunch & Lunch

Bärlauch-Avocado-Salat

250 g rote Bandnudeln
3 EL Weinessig
3 EL weißer Balsamicoessig
1 Prise Zucker
1 EL Sauerrahm
(saure Sahne)

Nudeln bissfest kochen und abschrecken. Die Bärlauch-Frischkäse-Creme und die übrigen Zutaten unter die kalten Nudeln rühren und anschließend 30 Minuten durchziehen lassen.

Bunter Aufstrich

Die Paprika waschen, trocknen und in kleine Würfel schneiden. Den Schinken ebenfalls kleinwürfelig schneiden. Die Zwiebel fein hacken und den Schnittlauch in kleine Röllchen schneiden.

Den Topfen mit der Butter und dem Frischkäse mit dem Mixer cremig rühren. Nach und nach die klein geschnittenen Zutaten untermischen.

Abschließend mit Salz und Pfeffer würzen.

4 Portionen

200 g Topfen
100 g Butter
100 g Frischkäse
1 Paprikaschote, rot
1 Paprikaschote, gelb
1 Paprikaschote, grün
100 g Schinken
1 Zwiebel
1/2 Bund Schnittlauch
Salz, Pfeffer

Brunch & Lunch

Pikant gefüllter Paprika

Paprika waschen und der Länge nach halbieren, sodass auch der Stiel halbiert wird. Die Unterseite leicht abschneiden, damit der Paprika flach steht. Kerngehäuse entfernen und mit dem bunten Aufstrich füllen.

Mit Kresse bestreuen. Eventuell auf einem Salatbett servieren.

6 kleine Spitzpaprika
50 g Gartenkresse

Basilikum-Pesto

10 Portionen
(ca. 3 Gläser)

40 Blätter frisches Basilikum
100 g Spinatblätter
1 Bund Petersilie
2 EL Parmesan, frisch gerieben
2 EL Pinienkerne
4 Knoblauchzehen
100 ml Olivenöl
Pfeffer, Salz

Spinat- und Basilikumblätter waschen und gut abtropfen lassen. Petersilie waschen, gut abtropfen lassen und kleinhacken. Petersilie, Spinat, Parmesan, Pinienkerne, gepressten Knoblauch, Basilikum und Olivenöl im Mixer zu einer dünnen Paste schlagen. Das Pesto mit Pfeffer und Salz würzen.

Tipp: Das Pesto in Gläser füllen und mit Olivenöl abdecken. So hält sich das Pesto 3 bis 4 Wochen im Kühlschrank.

Rotes Pesto

10 Portionen
(ca. 3 Gläser)

200 g Tomaten, getrocknet und in Öl eingelegt
60 g Pinienkerne
2 Knoblauchzehen
2 rote Chilischoten
15 Basilikumblätter, frisch
100 ml Wasser
1 EL Tomatenmark
Salz

Die Pinienkerne bei mittlerer Hitze unter öfterem Wenden goldbraun rösten und anschließend fein mahlen. Geschälten Knoblauch feinwürfelig schneiden. Chilischoten längs aufschneiden, die Kerne entfernen und das Fruchtfleisch kleinwürfelig schneiden. Basilikumblätter waschen und gut abtropfen lassen. Tomaten abseihen, Öl aber aufheben. Basilikum, Tomaten, gemahlene Pinienkerne, Knoblauch und Chiliwürfel im Mixer zu einem Mus verarbeiten. Die Masse in einer Schüssel mit Wasser, abgetropftem Öl der Tomaten und Tomatenmark zu einer Paste vermengen und mit Salz würzen.

Tipp: Dieses Pesto passt sehr gut zu grünen Nudeln, eignet sich aber auch zum Verfeinern anderer Pasta- und Fleischsoßen.

Heringsaufstrich

4 Portionen

5 Heringe, eingelegt
2 EL Perlzwiebeln
125 g Crème fraîche
1 Msp. Dijonsenf
1 TL Dill, frisch
Salz, Pfeffer

Perlzwiebeln gut abtropfen lassen und fein hacken. Von den Heringen Filets ablösen und in 1/2 cm große Streifen schneiden. Dill waschen, trockentupfen und fein hacken.

In einer Schüssel Crème fraîche glatt verrühren. Heringstücke, Zwiebeln und Dill unterrühren und mit Senf, Salz und Pfeffer würzen.

Brunch & Lunch

Nudelsalat mit Heringen

300 g Hörnchennudeln
Salz

Die Hörnchennudeln in reichlich Salzwasser bissfest kochen. Abseihen und kalt abschrecken. Den Heringsaufstrich unterrühren. Mit grünem Salat servieren.

Lachs-Ei-Mousse

4 Portionen

150 g Räucherlachs
1 Ei
125 g Crème fraîche
Salz, Pfeffer

Ei hartkochen und anschließend kalt abschrecken. Schälen und kleinschneiden. Räucherlachs in kleine Würfel schneiden.

Beide Zutaten in eine Schüssel geben und mit dem Pürierstab sehr fein pürieren. Crème fraîche glattrühren und das Lachsmousse unterheben. Mit wenig Salz und Pfeffer abschmecken.

Brunch & Lunch

Gefüllte Eier

8 Eier
1 EL Petersilie, gehackt

Eier in Salzwasser 10 Minuten kochen. Gut kalt abschrecken, schälen und der Länge nach halbieren.
Das Eigelb herausnehmen und unter das Lachs-Mousse rühren. Die cremige Masse in einen Spritzbeutel füllen und auf die Eierhälften dressieren.

Mit Petersilie bestreut servieren.

Frühstück

Dörrpflaumen-Bananen-Aufstrich

4 Portionen

125 g Pflaumen, getrocknet und entkernt
50 ml Orangensaft
1 reife Banane
1 Pkg. Vanillezucker
1 Msp. Zimt

Am Abend vor der Zubereitung Pflaumen klein schneiden, im Orangensaft einweichen und über Nacht quellen lassen. Am nächsten Morgen Pflaumenstücke mit Zimt und Vanillezucker abschmecken. Banane schälen, klein schneiden und mit den Pflaumen im Mixer pürieren. Den Aufstrich kühlstellen und durchziehen lassen.

Tipp: Dieser Aufstrich eignet sich für Weißbrot oder Baguette.

Bananenmus

4 Portionen

2 Bananen, reif
1/8 l Schlagobers *(Schlagsahne)*
1 EL Honig
1 TL Zitronensaft
1 Prise Zimt

Schlagobers steifschlagen und kühlstellen. Bananen mit der Gabel zerdrücken, anschließend mit Zitronensaft und Honig im Mixer pürieren. Schlagobers unter das Bananenpüree heben, mit Zimt abschmecken und sofort servieren.

Vitamin-Aufstrich

4 Portionen

100 g Jogurt
80 g Müsli
80 g Frischkäse
50 g Honig
1 EL Zitronensaft
1 EL Orangensaft
1 reife Banane

Jogurt mit Honig, Zitronen- und Orangensaft glattrühren. Müsli unterrühren und 2 Stunden quellen lassen. Abschließend Banane mit einer Gabel fein zerdrücken. Banane und Frischkäse unter den Aufstrich rühren. Dieser Aufstrich eignet sich für alle Weißbrotsorten.

Tipp: Wenn man den Aufstrich am Abend vorbereitet, wird er cremiger und lässt sich auch ohne Brot mit etwas Jogurt oder Milch verdünnt sehr gut zum Frühstück genießen.

Foto Seite 40/41

Erdbeerbutter

4 Portionen

100 g Erdbeeren
60 g Butter, handwarm
1 EL Zitronensaft
1 EL Honig
1 EL Zitronensaft
1 Prise Pfeffer

Erdbeeren waschen und pürieren. In einer Schüssel Butter mit Zitronensaft und Honig cremig rühren und Pfeffer dazugeben. Das Erdbeerpüree unter die Buttermasse heben. Dieser Aufstrich eignet sich besonders gut für frische Brötchen.

Brunch & Lunch

Topfenbrötchen mit Erdbeerbutter

250 g Mehl
1 Pkg. Trockenhefe
100 g Magertopfen *(Magerquark)*
1 EL Butter, zimmerwarm
Salz
1/8 l Wasser, lauwarm
2 EL Buchweizenschrot
1 Eigelb
2 EL Milch

In einer Schüssel Mehl und Trockenhefe vermischen. Topfen, Butter, Salz, Wasser und Buchweizenschrot dazugeben und zu einem glatten Teig verkneten. Auf eine bemehlte Arbeitsfläche geben und 4 Minuten kräftig durchkneten.

Das Backrohr auf 75 °C vorheizen. Aus dem Teig kleine Weckerl formen und auf ein mit Backpapier belegtes Backblech setzen. An der Oberfläche kreuzweise einschneiden. Eigelb und Milch verquirlen und die Weckerl damit bestreichen. Im Backrohr ca. 10 Minuten gehen lassen.

Die Temperatur auf 180 °C hochschalten und die Weckerl 20 bis 25 Minuten fertigbacken.

Auskühlen lassen und mit Erdbeerbutter bestrichen servieren.

Honig-Nuss-Butter

4 Portionen

100 g Butter, handwarm
2 EL Honig
75 g Haselnüsse

Die Haselnüsse fein hacken, kurz anrösten und auskühlen lassen. Inzwischen in einer Schüssel die Butter mit dem Honig cremig rühren. Ausgekühlte Haselnüsse unter die Buttermischung rühren. Die Honig-Nuss-Butter in eine Schale füllen und einen halben Tag durchziehen lassen.

Brunch & Lunch

Bagel mit Honig-Nuss-Butter

300 g Weizenmehl
30 g Speisestärke
115 ml Milch, lauwarm
1 TL Zucker
1/2 Pkg. Trockenhefe
1/2 TL Salz
25 g zerlassene Butter
1 Ei
1 Eigelb zum Bestreichen

Mehl in eine Schüssel geben und mit Hefe und Zucker vermischen. Etwas Milch einrühren und ca. 15 Minuten stehen lassen. Anschließend die restlichen Zutaten dazugeben und alles zu einem glatten, geschmeidigen Teig verkneten. Den Hefeteig ca. 2 Stunden an einem warmen Ort gehen lassen.
Wenn sich der Teig verdoppelt hat, ca. 12 Knödel formen und mit dem Stiel eines Holzkochlöffels in der Mitte ein ca. 3 cm breites Loch formen. Die Ringe noch einmal 10 Minuten gehen lassen. In einem Topf ca. 4 Liter Wasser mit 2 EL Zucker zum Kochen bringen. Die Ringe (max. 4 Stück auf einmal) ins kochende Wasser geben, nach 1 Minute umdrehen und 3 Minuten ziehen lassen.
Die Ringe mit dem Schaumlöffel herausnehmen und auf einem Kuchengitter abtropfen lassen.
Das Backrohr auf 200 °C vorheizen. Die Bagel auf ein mit Backpapier ausgelegtes Backblech setzen und mit dem Eigelb bestreichen. 30 Minuten backen. Auskühlen lassen und mit Honig-Nuss-Butter servieren.

Himbeertopfen

4 Portionen

100 g Topfen *(Quark)*
100 g Jogurt
1 EL Zucker
100 g Himbeeren
etwas Madeirawein

Himbeeren waschen und gut abtropfen lassen. In einer Schüssel Topfen mit Jogurt und Zucker cremig rühren. Himbeeren unterheben und mit dem Wein abschmecken. Dieser Aufstrich eignet sich für Weißbrot oder süßes Brot.

Brunch & Lunch

Kartoffelweckerl mit Himbeertopfen

1 kg Mehl
1/4 l Milch, lauwarm
1 Würfel Hefe
100 g Zucker
750 g Salzkartoffeln

Die Kartoffeln mit einer Gabel und etwas Milch zerdrücken – es können noch Stückchen bleiben. Aus den restlichen Zutaten einen Teig bereiten und die Kartoffelmasse dazugeben. Gründlich verkneten. Der Teig muss sehr fest sein – Vorsicht mit der Milch! Anschließend 30 Minuten an einem warmen Ort zugedeckt gehen lassen. Nochmals kneten und dann 2 Brote formen. Wieder 30 Minuten gehen lassen.

Das Backrohr auf 200 °C Ober-/Unterhitze vorheizen. Ein Gefäß mit Wasser ins Backrohr stellen. Die Brote auf ein mit Backpapier belegtes Brett setzen und an der Oberseite mit einem scharfen Messer einschneiden. Die Brote 1 Stunde backen. Auskühlen lassen.

Mit Himbeertopfen bestreichen und servieren.

Heidelbeer-Marzipan-Aufstrich

10 Gläser à 200 g

1 kg Heidelbeeren, tiefgekühlt
500 g Gelierzucker 2:1
1/8 l Prosecco
200 g Rohmarzipanmasse

Heidelbeeren mit Prosecco zum Kochen bringen und den Gelierzucker einrühren. Unter ständigem Rühren ca. 5 Minuten kochen lassen.

Marzipan in kleine Stücke schneiden und in die Heidelbeermasse einrühren. Noch heiß in Gläser füllen und gut verschließen.

Waldfruchtaufstrich mit weißer Schokolade

10 Gläser à 200 g

1 kg gemischte Waldfrüchte, tiefgekühlt
500 g Gelierzucker 2:1
1/8 l Prosecco
200 g weiße Schokolade

Waldfrüchte mit dem Prosecco in einen Topf geben und aufkochen. Gelierzucker einrühren und unter ständigem Rühren ca. 5 Minuten kochen.

Noch heiß in saubere Gläser füllen. Schokolade in kleine Stücke teilen und pro Marmeladenglas zwei Stück in die heiße Fruchtmasse geben, verschließen und umdrehen.

Tipp: Dieser Aufstrich eignet sich sehr gut für ein Jogurt-Müsli mit Früchten. Dazu nimmt man zwei Esslöffel Aufstrich, 200 g Naturjogurt und 3 EL Fertigmüsli.

Apfel-Bananen-Püree

4 Portionen

2 Bananen, sehr reif
3 Äpfel
40 g Mandeln, gemahlen
2 EL Honig

Die Bananen pürieren. Die Äpfel sehr fein reiben. Bananenpüree und Äpfel gut miteinander verrühren und mit Honig süßen.

Brunch & Lunch

Apfel-Bananen-Müsli

die Mandeln ersetzen durch 400 g gemischtes Müsli
1/8 l Milch
1/8 l Jogurt

Müsli mit Jogurt, Milch und Honig am Vortag verrühren.

Am nächsten Tag Apfel und Banane in kleine Stücke schneiden, unter die Müslimasse rühren und zum Frühstück servieren.

Kokos-Aufstrich

4 Portionen

100 g Kokosflocken
150 g Butter, handwarm
2 EL Honig
3 EL Kakao
1 Msp Vanillezucker
1 Prise Salz

Butter cremigrühren, Kokosflocken, Honig, Kakao, Vanillezucker und Salz beifügen. Mit dem Mixer alles aufschlagen. Dieser Aufstrich eignet sich für alle Weißbrotsorten.

Tipp: Dieser Aufstrich schmeckt sehr gut auf selbst gemachtem Toastbrot.

Birnen-Karamell-Aufstrich

10 Gläser à 200 g

1 kg geschälte, gewürfelte Birnen
1/8 l Wasser
500 g Gelierzucker 2:1
100 g Zucker
1 EL Öl

Öl in einer Pfanne erhitzen, Zucker dazugeben und unter ständigem Rühren karamellisieren lassen. Auf Backpapier leeren und erkalten lassen. Nach dem Auskühlen in kleine Stücke hacken.

Birnenstücke in einen großen Topf geben und mit dem Wasser aufkochen. Gelierzucker unterrühren und unter ständigem Rühren ca. 5 Minuten kochen. Karamell unterrühren. Noch heiß in Gläser füllen und gut verschließen.

Trockenfrüchte-Aufstrich

4 Portionen

200 g Trockenfrüchte nach Wahl, ungeschwefelt
200 ml Apfelsaft
1/2 Zitrone, unbehandelt
1 Prise Zimt
1 TL Zitronensaft
1 EL Birnendicksaft

Trockenfrüchte klein schneiden, in eine Schüssel geben und mit dem Apfelsaft übergießen. Etwa 3 Stunden quellen lassen. Anschließend abtropfen lassen und die Einweichflüssigkeit auffangen.

Die Früchte mit dem Pürierstab fein pürieren. Von der halben Zitrone die Schale abreiben und unter die pürierten Früchte rühren. So viel Einweichflüssigkeit einrühren, bis eine glatte, streichfähige Masse entstanden ist.

Mit Zimt, Zitronensaft und Birnendicksaft abschmecken.

Tipp: Dieser Aufstrich schmeckt sehr gut auf Kartoffelbrot.

Walnuss-Frucht-Aufstrich

4 Portionen

250 g Frischkäse
3 EL Ananasstückchen
4 TL Walnüsse
2 TL Ananassaft
1 TL Zucker
1/2 TL Zitronensaft
2 TL Sherry
Salz, Pfeffer

Ananasstückchen feinwürfelig schneiden, Walnüsse fein hacken. Frischkäse mit Ananas, Walnüssen und Ananassaft vermenge. Mit Zucker, Zitronensaft, Sherry, Salz und Pfeffer fruchtig-herb abschmecken.

Tipp: Dazu passen sehr gut Croissants.

Croissants

500 g Mehl
50 g Zucker
42 g frische Hefe
2 Eier
200 ml Milch, lauwarm
50 g Butter
Salz
250 g Butter
Mehl zum Bestauben

Den Hefeteig bereitet man am Vorabend zu. Dazu die Hefe in die lauwarme Milch bröckeln und mit Zucker verrühren. Mehl in eine Schüssel sieben und in die Mitte eine Mulde drücken. Die Hefemischung in die Mulde geben. Eier, 50 g Butter und Salz dazugeben und gut verrühren. Über Nacht im Kühlschrank stehen lassen.

Am nächsten Tag den Teig aus dem Kühlschrank nehmen und auf einer Arbeitsfläche quadratisch ausrollen. Die Butter zwischen Frischhaltefolie ebenfalls auf die halbe Größe des Quadrates ausrollen. Die Butter mit Mehl bestauben und so in die Mitte des Hefeteiges legen, dass auf allen 4 Seiten ein Dreieck über die Butter geschlagen werden kann. Den Teig nun zu einem Rechteck ausrollen, das Rechteck dreifach übereinanderschlagen und wieder zu einem Rechteck ausrollen. Diesen Vorgang sollte man 2- bis 3-mal wiederholen.

Aus dem Rechteck nun Dreiecke schneiden und von der breiten Seite aus zu Hörnchen einrollen.

Das Backrohr auf 220 °C vorheizen. Die Hörnchen auf ein mit Backpapier ausgelegtes Backblech legen und ca. 15 bis 20 Minuten backen.

Etwas überkühlen lassen und mit dem Walnuss-Frucht-Aufstrich bestreichen.

Nougataufstrich

4 Portionen

200 g Nüsse
3 EL Honig
4 TL Kakao
1/2 TL Zimt
1/2 TL Vanille, gemahlen, oder 1 Pkg. Vanillinzucker
1 TL Pulverkaffee, instant
70 g Butter

Nüsse in einer Pfanne trockenrösten, bis sich die Häutchen zu lösen beginnen. Dann mahlen. Nüsse mit allen Zutaten vermengen. Diese Masse mit einem Pürierstab zerkleinern, bis sie fein genug ist – ca. 20 Minuten. Der Fachausdruck dafür lautet: „völlig ölig gerieben". Dabei tritt das Nussöl langsam aus und die Nougatmasse bekommt eine streichfähige Konsistenz. Je feiner man sie zerkleinert, desto besser ist die Nougatqualität.

Tipp: Man kann die Creme im Kühlschrank ca. 3 Tage aufbewahren.

Dattelmarmelade

4 Portionen

200 g Datteln
4 EL Sauerrahm (saure Sahne)
60 g gemahlene Mandeln
1 Prise Zimt

Datteln entkernen und in eine Schüssel geben. Sauerrahm unterrühren und ca. 30 Minuten ziehen lassen.

Anschließend Mandeln und Zimt dazugeben und mit dem Pürierstab fein pürieren, bis eine streichfähige Masse entstanden ist.

Tipp: Dieses gesunde Frühstück ist gut für die Verdauung.

Jause

Schokocreme

6 Gläser

500 g Mascarpone
100 g Bitterschokolade
100 g Nougatschokolade

Nougat- und Bitterschokolade über Wasserdampf schmelzen und abkühlen lassen. In einer Schüssel die Hälfte der Mascarpone mit der geschmolzenen Schokolade glattrühren. Restliche Mascarpone unterheben. Dieser Aufstrich eignet sich für süßes Brot.

Brunch & Lunch

Palatschinken mit Schokocreme

2 Eigelb
60 g Mehl
2 Eier
1/16 l Milch
1/16 l Mineralwasser
Salz
Fett zum Ausbacken
100 g Käse, gerieben

Mehl, Eier, Milch, Mineralwasser und Salz zu einem glatten Teig verrühren. Für jede Palatschinke etwas Fett in der Pfanne heiß machen. Den Teig dünn einfließen lassen, anbacken, wenden und anschließend aus der Pfanne heben.

Die Schokocreme in Palatschinken streichen und mit Bananenmilch servieren.

Kakao-Nusscreme

Butter cremig rühren, Erdnussmus, Honig und Kakao dazugeben und mit dem Handmixer glattrühren. Dieser Aufstrich eignet sich für Weißbrot oder süßes Brot.

4 Portionen

100 g Erdnussmus
100 g Butter, handwarm
80 g Honig
1 EL Kakao

Brunch & Lunch

Knuspriges Nussbrot mit Kakao-Nuss-Creme

Mehl, Hefe, Zucker, erwärmten Schlagobers und Buttermilch, Salz und Ei in eine Schüssel geben und gut durchkneten. Anschließend 30 Minuten gehen lassen. Nochmals durchkneten und auf einer Arbeitsfläche flachdrücken. Die Nüsse auf dem Teig verteilen und diesen zu einem Laib formen.

Backrohr auf 180 °C vorheizen und das Brot 50 bis 60 Minuten backen. Auskühlen lassen.

Mit Kakao-Nuss-Creme bestrichen servieren.

1 Würfel Hefe
125 g Weizenmehl
250 g Roggenmehl
125 ml Schlagobers *(Schlagsahne)*
125 ml Buttermilch
1 Ei
100 g Nusskerne
1 TL Salz
1 TL Zucker

Feuriger Dip
für Couch-Potatoes

4 Portionen

2 Zwiebeln
1 Paprikaschote, rot
10 EL Tomatenketchup
5 Gewürzgurken
1 TL Senf
1 Prise Zucker
1 Prise Cayennepfeffer
Tabasco

Zwiebeln, Gurken und Paprikaschote in einem Blitzcutter klein schneiden. Die übrigen Zutaten beimengen und gut verrühren.

Mit Zucker, Cayennepfeffer und Tabasco abschmecken.

Brunch & Lunch

Pikante Fleischbällchen
mit feurigem Dip

100 g frische Bratwürste
100 g Rinderfaschiertes *(Rinderhack)*
70 g Semmelbrösel
1 kleine Zwiebel
2 Zehen Knoblauch
1 Ei
2 EL Petersilie, gehackt
2 EL Öl
Salz, Pfeffer
Tabasco

Die Bratwürste enthäuten und in eine Schüssel geben. Rinderfaschiertes, Semmelbrösel und Ei dazugeben.

Zwiebel schälen und fein hacken. Knoblauch schälen und durch die Knoblauchpresse drücken. Petersilie waschen, gut abtropfen lassen und fein schneiden. In die Schüssel dazugeben und alle Zutaten gut miteinander vermengen. Mit Salz, Pfeffer und Tabasco gut würzen.

Mit feuchten Händen kleine Bällchen (ca. 20 Stück) formen. Öl in einer Bratpfanne erhitzen und die Bällchen 15 bis 20 Minuten unter regelmäßigem Wenden braten, bis sie gleichmäßig braun sind.

Auf Zahnstochern aufspießen, auf eine Platte geben und mit dem feurigen Dip servieren.

Gemüse-Aufstriche

4 Portionen

200 g Frischkäse
50 g Brokkoli
50 g Knollensellerie
50 g Karotten
25 g Gartenkresse
Salz, Pfeffer

Karotte fein raspeln. Brokkoli in kleine Röschen teilen, Sellerie schälen und kleinwürfelig schneiden.

In einem Topf mit Salzwasser Brokkoli und Sellerie nacheinander weichkochen. Anschließend abseihen und mit kaltem Wasser abschrecken. Gut abtropfen lassen.

Gartenkresse waschen, gut abtropfen lassen und die Blättchen von den Stielen schneiden. Sellerie und Brokkoli nacheinander fein passieren. In einer Schüssel Frischkäse cremig rühren und in drei Portionen teilen. Jedes Drittel jeweils mit Paprika-, Brokkolipüree und Karottenraspeln gut verrühren.

Die Aufstriche mit Salz und Pfeffer würzen und vor dem Servieren mit Kresseblättchen bestreuen.

Kleine Jause: Schwarzbrotscheiben mit den verschiedenen Aufstrichen bestreichen, mit frischem Gemüse, z. B. geraspelten Zucchini, Tomatenscheiben, Karottenstifte, gekochtem Spargel, belegen und mit Gartenkresse bestreuen.

Zucchini-Aufstrich mit Hüttenkäse

4 Portionen

200 g Zucchini
100 g Frischkäse, mager
100 g Hüttenkäse, körnig
2 Zehen Knoblauch
Cayennepfeffer, Kräutersalz
Pfeffer, frisch gemahlen
Salz

Zucchini waschen, Enden abschneiden und raspeln. Salzen und ca. 10 Minuten stehen lassen, damit das Wasser austritt. Anschließend ausdrücken.

Knoblauch pressen und zusammen mit dem Zucchini in eine Pfanne geben. Mit Kräutersalz, Pfeffer und Cayenne nach Belieben würzen. Auf höchster Stufe ca. 5 Minuten anbraten, dabei ständig umrühren. Abkühlen lassen.

Die Zucchinimasse mit dem Hüttenkäse und dem Frischkäse verrühren, sodass eine geschmeidige Masse entsteht.

Radieschen-Frischkäse

250 g Frischrahmkäse
3 Radieschen
1 EL Butter, zimmerwarm
1 Prise Muskatnuss, gemahlen
Salz, Pfeffer

Radieschen waschen, gründlich abtropfen lassen, eventuell mit Küchenpapier trockentupfen und zuerst in feine Scheiben und anschließend in feine Stifte schneiden.

In einer Schüssel Frischrahmkäse mit Butter gut verrühren. Die Radieschen dazugeben und gut untermengen. Mit Muskatnuss, Salz und Pfeffer würzen.

Kleine Jause: Vollkorntoastscheiben toasten und mit dem Aufstrich bestreichen. Mit Gurken- und Tomatenscheiben belegen und mit etwas Parmesan bestreuen.

Eier-Tomaten-Aufstrich

4 Portionen

4 Eier
1 Zwiebel
2 Tomaten
2 EL Crème fraîche
1 Bund Petersilie
Salz, Pfeffer

Eier hartkochen und anschließend kalt abschrecken. Schälen und fein hacken. Zwiebel schälen und ebenfalls fein hacken. Von den Tomaten die Strünke entfernen, kurz in kochendes Wasser legen, mit kaltem Wasser abschrecken und dann die Haut abziehen. Die Tomaten vierteln, die Kerne entfernen und das Fruchtfleisch in kleine Würfel schneiden.

Petersilienblätter von den Stängeln zupfen, waschen und gut abtropfen lassen. Anschließend fein hacken.

Die Eier und die Zwiebel in eine Schüssel geben und gut vermengen. Crème fraîche unterrühren und anschließend die Tomatenwürfel beifügen. Den Aufstrich mit Salz und Pfeffer würzen. Vor dem Servieren die Petersilie unterrühren.

Kleine Jause: Den Aufstrich auf italienische Tramezzini streichen, mit Salami- und Gurkenscheiben belegen

Würziger Käseaufstrich mit Basilikum

4 Portionen

100 g Gorgonzola
100 g Frischkäse
20 g Butter
1 EL Basilikum
1 Knoblauchzehe

Knoblauchzehe sehr klein hacken. Basilikum waschen, trockentupfen und fein hacken. Gorgonzola, Frischkäse, Butter, Basilikum und Knoblauch mit dem Pürierstab zu einer Creme verrühren.

Tipp: Eignet sich hervorragend als Gemüsedip.

Brunch & Lunch

Knusprige Kartoffeln mit Käsedip

4 große Kartoffeln
Pflanzenöl zum Frittieren
grobes Meersalz
4 EL Jogurt
4 EL Milch

Den Käseaufstrich mit Jogurt und Milch verrühren.

Kartoffeln gründlich waschen und jeweils in 8 gleich große Spalten schneiden. Öl in einer Pfanne erhitzen und die Kartoffeln darin 7 Minuten goldgelb frittieren. Auf Küchenpapier abtropfen lassen, in eine Schüssel geben und mit Meersalz bestreuen.

Mit dem Käsedip servieren.

Pikante Forellen-Creme

4 Portionen

125 g Forellenfilets, geräuchert und ohne Haut
250 g Topfen *(Quark)*
1 Msp. Ingwer, gemahlen
1 Msp. Chilipulver
1 Prise Zucker
3 Tropfen Tabasco
1/2 TL Zitronensaft
Salz, Pfeffer
dunkle Trauben zum Garnieren

Die Forellenfilets – falls nötig – entgräten und in kleine Stücke schneiden. In eine Schüssel geben und mit dem Topfen gut verrühren. Anschließend mit dem Pürierstab fein pürieren.

Den Aufstrich mit Ingwer, Chili, Tabasco, Zucker und Zitronensaft würzen und ca. 10 Minuten durchziehen lassen. Anschließend mit Salz und Pfeffer abschmecken.

Die Trauben waschen, trockentupfen, halbieren und entkernen. Damit die Forellen-Creme garnieren.

Tipp: Forellencreme schichtweise auf Tramezzini streichen, 4-mal übereinander, in kleine Würfel schneiden und mit frischen Trauben auf Zahnstocher aufspießen.

Buttermilch-Aufstrich mit Kren

4 Portionen

250 g Magertopfen *(Magerquark)*
50 g Kren
65 ml Buttermilch
Pfeffer, weiß
1 EL Zitronensaft
Salz
1 EL Schnittlauch, geschnitten

Kren reiben. Topfen mit Buttermilch glattrühren. Kren untermengen. Mit Zitronensaft, Pfeffer und Salz abschmecken.

Tipp: Passt ausgezeichnet zu Vollkornbrot oder Schinken.

Parmesan-Aufstrich

4 Portionen

50 g Pinienkerne
1 Bund Petersilie
1 Knoblauchzehe
2 EL Parmesan
2 EL Olivenöl
1 TL Zitronensaft
Salz, Pfeffer

Pinienkerne ohne Fett in der Pfanne rösten, bis sie goldgelb werden. Auskühlen lassen und anschließend im Mörser zerstampfen. Die Petersilienblätter abzupfen und waschen, gut ausschütteln und sehr fein hacken. Knoblauch schälen und ebenfalls klein hacken. Parmesan reiben. Alle Zutaten unter tropfenweiser Zugabe von Olivenöl mit dem Pürierstab zu einer glatten Paste verarbeiten.

Mit Zitronensaft, Salz und Pfeffer abschmecken.

Tipp: Ideal für knuspriges Weißbrot oder Nudeln.

Verhackertes

4 Portionen

250 g durchwachsener Räucherspeck
1 TL Majoran
1 Knoblauchzehe
Pfeffer
Paprikapulver, Zwiebelringe und Essiggurken zum Garnieren

Knoblauch schälen und durch die Knoblauchpresse drücken. Die Schwarte vom Räucherspeck abschneiden und den Speck sehr fein hacken oder durch den Fleischwolf mit der groben Scheibe drehen.

Speckmasse und Knoblauch in einer Schüssel gut vermengen und mit Majoran und Pfeffer würzen.

Vor dem Servieren mit Paprikapulver bestreuen und mit Zwiebelringen und halbierten Essiggurkenscheiben garnieren.

Tipp: Das Verhackerte eignet sich gut zum Würzen von Röstkartoffeln und Sauerkraut. Dazu einfach statt Fett das Verhackert verwenden.

Vegetarischer Sesamaufstrich

4 Portionen

1 1/2 Tassen Sesampaste
1 Tasse Wasser
1 Tasse Zitronensaft, frisch gepresst
1 1/2 TL Salz
2 Knoblauchzehen
1/4 TL Pfeffer
1 TL Petersilie, fein gehackt
1 Msp. Paprikapulver, edelsüß

Die Sesampaste vor dem Messen gut durchrühren, da sich im Glas der feste Brei und das Öl trennen. Die Paste in eine Schüssel geben, erst das Wasser und den Zitronensaft in einem dünnen Strahl zugeben und ständig rühren. Zuerst ist die Soße oft etwas dick, aber sie wird immer cremiger und schließlich weiß. Mit Salz, Knoblauch und Pfeffer abschmecken. In flachen Schüsseln anrichten und mit Paprika und Petersilie bestreuen.

Tipp: Wenn die Soße zu dickflüssig ist, etwas mehr Wasser nehmen.

Scharfer Schafkäsetopfen

4 Portionen

150 g Schafkäse, mild
150 g Topfen *(Quark)*, mager
175 g Jogurt, natur
1 Zwiebel
2 Knoblauchzehen
2 EL Tomatenpaprika, eingelegt
1/2 TL Salz
1 gestr. EL Paprikapulver, edelsüß
5 Tropfen Tabascosoße

Käse mit der Gabel zerdrücken. Mit Topfen und Jogurt verrühren. Zwiebel und Knoblauch schälen und fein hacken. Tomatenpaprika feinwürfelig schneiden. Die zerkleinerten Zutaten unter die Käsecreme rühren. Mit Salz, Paprikapulver und Tabasco abschmecken.

Tipp: Auf Pumpernickel streichen und mit Tomaten- und Paprikawürfeln garnieren.

Salami-Frischkäse-Creme

4 Portionen

40 g Salamischeiben
200 g Frischkäse
1 TL Kräuter *(Petersilie, Schnittlauch, Dill, Estragon)*, fein gehackt
50 g Essiggurken, süß-sauer
2 Eier
1/2 Paprika, grün
1/2 Paprika, rot
1 Zehe Knoblauch
5 Tropfen Tabasco
4 Tropfen Worcestersauce
1 Spr. Zitronensaft
Salz, Pfeffer
1/2 Bund Schnittlauch
Paprikapulver

Die Eier hart kochen, abschrecken und auskühlen lassen. Anschließend schälen und klein hacken. Roten und grünen Paprika von den Kernen und dem Strunk befreien, waschen, gut abtropfen lassen und kleinwürfelig schneiden. Salamischeiben klein schneiden. Essiggurken fein hacken. Knoblauch schälen und durch die Knoblauchpresse drücken.

Den Frischkäse in eine Schüssel geben und mit dem Mixer cremig rühren. Eier, Gewürzgurken, Knoblauch, Kräuter, Paprikawürfel und Salami gründlich unterrühren.

Mit Tabasco, Worcestersauce, Pfeffer und Salz würzen. Schnittlauch waschen, gut abtropfen lassen und in kleine Röllchen schneiden. Vor dem Servieren die Creme mit Paprikapulver und Schnittlauch bestreuen.

Tipp: Diese Creme schmeckt in verschiedene Gemüse (z. B. Tomaten, Paprika, Salatgurken) gefüllt sehr gut als Fingerfood.

Porree-Schinken-Aufstrich

4 Portionen

50 g Porree *(Lauch)*
100 g Schinken
100 g Sauerrahm
Salz, Pfeffer
1 Prise Zucker
1 TL Zitronensaft

Porree gut abspülen, fein hacken. Schinken in feine Streifen schneiden. Porree und Schinken mit dem Sauerrahm gut verrühren und mit Salz, Zucker und Zitronensaft abschmecken.

Tipp: Der Aufstrich schmeckt am besten auf Sonnenblumenvollkornbrot.

Foto Seite 50/51

Sonnenblumenvollkornbrot

500 g Roggenschrot
500 g Weizenmehl
250 g Weizenschrot
200 g Sonnenblumenkerne
2 Pkg. Trockenhefe
1 l Buttermilch
200 g Zucker
200 ml Wasser
1 TL Salz
50 g Sonnenblumenkerne zum Bestreuen

Den Zucker mit dem Wasser aufkochen und so lange kochen, bis eine zähe Flüssigkeit entsteht. Auskühlen lassen.

Alle Zutaten in eine Schüssel geben und mit dem Handmixer gründlich verrühren. Eine Brotform mit Backpapier auslegen und den Teig einfüllen.

Das Backrohr auf 150 °C vorheizen und das Brot darin 1 Stunde backen. Mit Alufolie abdecken und noch 2 Stunden weiterbacken. Nach der Backzeit das Backrohr ausschalten und das Brot 12 Stunden darin ruhen lassen.

Steirischer Kürbiskernaufstrich

4 Portionen

250 g Topfen
***(Quark)*, mager**
1 EL Sauerrahm
(saure Sahne)
2–3 EL steirisches
Kürbiskernöl
3 EL Kürbiskerne
1 Knoblauchzehe
Salz

Kürbiskerne fein hacken. Pfanne erhitzen und gehackte Kürbiskerne trocken rösten. Topfen mit allen Zutaten gut vermengen, mit Salz und Knoblauch würzen.

Tipp: Mit ganzen gerösteten Kürbiskernen garnieren. Dazu passt am besten ein selbst gemachtes Vollkorn-Mischbrot.

Roter Zucchini-Aufstrich

4 Portionen

400 g Zucchini
100 g Frischkäse
3 EL Gemüsebrühe
1 Knoblauchzehe
2 EL Tomatenmark
1 EL Schnittlauch
1 TL Zitronenmelisse
1 TL Majoran
Salz, weißer Pfeffer

Zucchini waschen und fein reiben. Gemüsebrühe und Zitronensaft aufkochen und über den Zucchini gießen. Knoblauch und Kräuter fein hacken, mit Frischkäse und der Zucchinimasse verrühren und mit Tomatenmark, Salz und Pfeffer würzen.

Tipp: Dazu passt sehr gut selbst gemachtes Zwiebelbrot.

Osteraufstrich

4 Portionen

5 Eier
50 g Halbfettmargarine
3 EL Sauerrahm
(saure Sahne)
1 kleine Zwiebel, rot
1/2 TL Senf
1/2 TL Gemüsebrühe-pulver
1 TL Schnittlauch, klein geschnitten
Salz, Pfeffer

Eier hart kochen, schälen und klein hacken. Mit Halbfettmargarine, Sauerrahm, Zwiebel, Senf, Gemüsebrühepulver und Schnittlauch vermengen. Mit Salz und Pfeffer abschmecken. Im Kühlschrank kühlstellen.

Tipp: Man kann auch Essiggurken oder Salami oder Schinken dazugeben.

Osterbrot

750 g Mehl
40 g Hefe
250 ml Milch
250 g Margarine
70 g Zucker
1 TL Salz
70 g gehackte Mandeln
3 Eier
abgeriebene Zitronenschale

Germ in der Hälfte der lauwarmen Milch auflösen und mit etwas Mehl zu einem weichen Dampfl verarbeiten. Die Oberfläche mit etwas Mehl bestauben. Das Dampfl zugedeckt an einem warmen Ort gehen lassen, bis die Oberfläche des Teiges grobe Risse aufweist.

Restliches Mehl in eine Schüssel sieben. Margarine erwärmen. Lauwarme Milch und die restlichen Zutaten in das Mehl mischen, Dampfl beimengen und zu einem geschmeidigen Teig schlagen. An einem warmen Ort eine halbe Stunde rasten lassen. Nach dem Gehen noch einmal ganz kurz durchkneten. Zwei Drittel davon zu einem runden Brotlaib formen, aus dem restlichen Teig lange Rollen formen und gedreht oder geflochten auf dem Brot anordnen. Das Eigelb verquirlen und auf das Brot streichen. Backrohr auf 180 °C vorheizen und das Brot ca. 50 bis 60 Minuten backen.

Weißweinaufstrich

4 Portionen

250 g Camembert, reif
200 g Halbfettmargarine
1 Zwiebel
1 Knoblauchzehe
Salz, Pfeffer
2 EL Paprikapulver, mild
10 EL Weißwein

Halbfettmargarine und Camembert 2 Stunden vor der Verarbeitung aus dem Kühlschrank nehmen. Käse grob zerpflücken, mit einer Gabel Margarine und weitere Zutaten unterkneten. Der Käse soll aber noch etwas „stückig" bleiben.

Tipp: Auf Toastbrot streichen und im Backrohr bei 200 °C überbacken.

Brunch & Lunch

Gefüllte Käsewindbeutel

4 EL Butter
1/4 TL Salz
250 ml Wasser
115 g Weizenmehl
2 Eier
1 Eigelb
1 TL englischer Senf
1/2 TL Cayennepfeffer
50 g Bergkäse, gerieben

Backrohr auf 220 °C vorheizen. Butter, Salz und Wasser in einem Topf zum Kochen bringen. Mehl rasch einrühren und mit einem Holzkochlöffel zu einer dicken Paste vermengen. Die Masse so lange rühren, bis sie nicht mehr an der Topfwand kleben bleibt. Vom Herd nehmen und auskühlen lassen.

Eier und Eigelb nach und nach in die ausgekühlte Masse einrühren. Mit Senf, Cayennepfeffer und Käse verrühren. Auf ein mit Backpapier belegtes Blech mit einem Löffel kleine Häufchen setzen. 10 Minuten backen.

Die Temperatur auf 180 °C senken und weitere 15 Minuten ausbacken.

Auskühlen lassen, in der Mitte auseinanderschneiden und Weißweinaufstrich daraufstreichen. Den Deckel daraufsetzen und servieren.

Käse-Pilz-Aufstrich

4 Portionen

300 g gemischte Pilze *(Eierschwammerl, Steinpilze, Shii-take-Pilze)*
1 kleine Zwiebel, gehackt
2 EL Halbfettmargarine
50 g Frischkäse
100 g Topfen *(Quark)*, mager
1 Bund Petersilie
Majoran, Salz
Paprika, edelsüß

Die Pilze fein hacken. Margarine in der Pfanne erhitzen. Pilze mit der gehackten Zwiebel dazugeben und 10 Minuten dünsten. Auskühlen lassen. Frischkäse und Topfen in einer Schüssel gut verrühren. Fein gehackte Petersilie und Pilze einrühren. Mit Salz, Paprika und Majoran abschmecken.

Tipp: Schmeckt auf frischem Schwarzbrot besonders gut.

Schwarzbrot

1 l Buttermilch
150 g Honig
3 Pkg. Trockenhefe
500 g dunkles Mehl
300 g Roggenschrot
300 g Weizenschrot
150 g Sesam
150 g Leinsamen
250 g Sonnenblumenkerne

Buttermilch mit Honig erwärmen. Alle Mehlsorten, die Kerne und die Trockenhefe in eine Schüssel geben und vermischen. Die Buttermilch dazugeben und alles gut verkneten.

Die fertige Masse in eine Brotbackform geben und 3 Stunden bei 160 °C im vorgeheizten Backrohr backen. Nach 2 Stunden das Brot mit Alufolie abdecken.

Nach der Backzeit das Brot aus der Form nehmen und abkühlen lassen.

Tipp: Damit sich das Brot gut schneiden lässt, soll es mindestens 1 Tag an einem trockenen Ort stehen.

Kräuter-Aufstrich

4 Portionen

200 g gemischte Kräuter *(Schnittlauch, Petersilie, Thymian, Basilikum, Estragon, Kresse)*
150 g Hüttenkäse
150 g Sauerrahm *(saure Sahne)*
Salz, Pfeffer
Muskatnuss

Kräuter waschen, gut trockentopfen und fein hacken. Hüttenkäse mit Sauerrahm vermischen, Kräuter einrühren und mit Salz, Pfeffer und geriebener Muskatnuss würzen.

Tipp: Aufstrich auf Knäckebrot streichen und mit frischem Gemüse garnieren!

Tomaten-Zwiebel-Dip

4 Portionen

1 Zwiebel
2 EL Olivenöl
1 kleine Dose Tomatenmark
Kräutersalz

Die Zwiebel sehr fein hacken und mit dem Öl und dem Tomatenmark verrühren. Mit dem Kräutersalz abschmecken.

Tipp: Der Tomaten-Zwiebel-Dip passt hervorragend zu gegrilltem Fleisch und Gemüse.

Frühlingsaufstrich

4 Portionen

1 Bund Radieschen
250 g Jogurt, mager
5 EL Sauerrahm
(saure Sahne)
Salz, Pfeffer
2 EL Öl
1 EL Kräuteressig
2 EL Schnittlauch

Radieschen waschen und in kleine Scheiben schneiden. Radieschen mit Jogurt, Sauerrahm, Salz und Pfeffer vermischen. Je nach Geschmack mit Öl und Essig verfeinern. Mit Schnittlauch bestreuen.

Tipp: Verfeinern Sie den Geschmack mit einer 1/2 fein geriebenen Gurke, die unter die Creme gerührt wird.

Karottenbrot

15 g Frischhefe
30 ml Wasser, lauwarm
400 g Vollkornmehl
2 TL Salz
250 g geraspelte Karotten
15 g Butter, flüssig

Hefe in 100 ml lauwarmes Wasser rühren und 5 Minuten ruhen lassen. Mehl und Salz in eine Schüssel sieben, verrühren und eine Mulde hineindrücken. Aufgelöste Hefe, Karottenraspeln und Butter hineingeben. Mehl vom Rand her einrühren, bis ein feuchter, krümeliger Teig entsteht. Den Teig auf einer bemehlten Arbeitsfläche 10 Minuten kneten, bis er glatt, aber noch ein wenig klebrig ist.

Den Teig in einer Schüssel zugedeckt ca. 1 1/2 Stunden gehen lassen. Anschließend zu einem runden Laib formen und auf ein mit Backpapier ausgelegtes Blech legen und noch einmal 45 Minuten zugedeckt gehen lassen, bis sich das Volumen verdoppelt hat.

Backrohr auf 180 °C vorheizen und das Brot ca. 45 Minuten backen.

Jause

Tunfisch-Kapern-Aufstrich

4 Portionen

1 Pkg. Frischkäse
1 Dose Tunfisch, natur
1 TL Zitrone
5 Kapern, halbiert
Salz, Pfeffer
2 EL Tomatenmark

Frischkäse und Tunfisch gut miteinander vermengen – am besten mit dem Pürierstab. Mit Tomatenmark, Zitronensaft und Kapern verrühren. Mit Salz und Pfeffer würzen.

Brunch & Lunch

Fischbrötchen mit Thunfisch-Kapern-Aufstrich

1 Ei, hartgekocht
3 Tomatenscheiben
1 Salatblatt
2 Schwarzbrot-scheiben

Das Ei in Scheiben schneiden. Salatblatt waschen und gründlich trockentupfen. Auf eine Schwarzbrotscheibe legen, mit dem Tunfisch-Aufstrich bestreichen, mit Tomatenscheiben belegen und die zweite Schwarzbrotscheibe darauflegen.

Heller Bieraufstrich

4 Portionen

300 g Camembert, reif
150 g Doppelrahmkäse
80 g Halbfettmargarine
2 kleine Zwiebeln
10 EL helles Bier
1 Msp. Kümmel
Salz, Pfeffer

Alle Zutaten sollen Zimmertemperatur haben. Zwiebeln fein hacken. Camembert, Doppelrahmkäse und Margarine vermengen. Zwiebel und Bier beigeben und cremig rühren. Mit Kümmel, Salz und Pfeffer würzen.

Tipp: Passt ideal zu Laugenstangen oder Brezeln.

Schnittlauch-Jogurt

4 Portionen

1/4 l Jogurt, mager
4 EL Sauerrahm (saure Sahne)
1 EL Kren *(Meerrettich)*
2 Bund Schnittlauch
1 TL Essig
Salz, Pfeffer

Schnittlauch fein hacken. Kren frisch reiben. Sauerrahm mit Jogurt verrühren, mit Salz, Pfeffer und Essig würzen. Nun erst Schnittlauch sowie den Kren gut untermischen. Eine Stunde im Kühlschrank festwerden lassen.

Tipp: Kann auch als Dip-Soße verwendet werden.

Brunch & Lunch

Schnittlauch-Jogurt mit frittierten Teigbällchen

220 g Mehl
1/2 TL Trockenhefe
1/2 TL Salz
1 EL Petersilie, gehackt
2 Zehen Knoblauch, gehackt
2 EL Olivenöl
Pflanzenöl zum Braten

Mehl in eine Schüssel sieben und mit Hefe und Salz vermischen. Petersilie, Knoblauch und Olivenöl sowie genügend warmes Wasser beimengen und daraus einen festen Teig kneten. Auf ein bemehltes Brett stürzen und gut 10 Minuten durchkneten, bis er weich und elastisch ist. In eine Schüssel geben, mit Öl bestreichen und eine Stunde an einem warmen Ort gehen lassen.

Den Teig zu etwa 20 Bällchen formen. Das Pflanzenöl in einer Pfanne erhitzen und die Bällchen darin ca. 5 Minuten auf allen Seiten goldbraun backen. Auf Küchenpapier abtropfen lassen und mit Schnittlauch-Jogurt servieren.

Camembert-Bier-Aufstrich

4 Portionen

75 g Halbfett-margarine
250 g Camembert
2 EL Bier
1 Eigelb
2 Zwiebeln
Salz, Pfeffer
Paprika, edelsüß

Weiche Margarine und Camembert mit einer Gabel zerdrücken. Bier, Eigelb und fein gehackte Zwiebeln zugeben. Mit Salz, Pfeffer und Paprika abschmecken und gut miteinander vermischen.

Brunch & Lunch

Camembert-Omelette

6 Eier
30 g Butter
Salz
1 EL Paprikapulver zum Garnieren

Eier aufschlagen und mit dem Schneebesen gut schaumigrühren. Mit Salz würzen. Die Butter in einer flachen Pfanne erhitzen und ein Viertel der Masse einfließen lassen. Mit einer Gabel ständig rühren, die Pfanne dabei leicht kreisförmig schwenken. Wenn die Eiermasse anstockt, ein Viertel des Aufstrichs darauf verteilen und zusammenschlagen.

Für die restlichen Omelettes den Vorgang 3-mal wiederholen.

Die Omelettes bei 200 °C 5 Minuten im Backrohr durchziehen lassen. Mit Paprikapulver bestreut servieren.

Ananas-Marillen-Konfitüre

4 Portionen

300 g Ananas, geputzt gewogen
200 g Marillen *(Aprikosen)*, entsteint und geputzt gewogen
1 Pkg. Gelfix 2 : 1
500 g Zucker
1 TL geriebener Ingwer

Ananas längs vierteln, schälen, Strunk entfernen. Fruchtfleisch fein würfeln. Marillen einritzen, heiß überbrühen, kalt abschrecken und Haut abziehen. Marillen halbieren, entsteinen und würfeln. Die Hälfte der Ananas und 4/5 der Marillen abwiegen und in einen Topf geben. Gelfix und Zucker mischen und unter das Obst rühren. Unter Rühren aufkochen und 3 Minuten kochen lassen. Mit Ingwer abschmecken. Bis zum Rand in saubere Gläser füllen und verschließen. Für 5 bis 10 Minuten auf den Deckel stellen.

Tipp: Mit dieser Marmelade kann man auch sehr gut Krapfen füllen.

Ananas-Marillen-Krapfen

240 g Butterschmalz
3 Eier
7 Eigelb
85 g Hefe
1 kg Mehl
1/4 l Milch
1 cl Rum
20 g Salz
120 g Zucker
150 g Ananas-Marillen-Marmelade

Milch und Mehl auf 30 °C erwärmen. Auf Hefe, einem 1/8 l der Milch und 125 g Mehl ein Dampfl ansetzen und reifen lassen, bis sich die Masse verdoppelt hat.

Eigelb, Eier, Zucker, Salz und Rum mit der restlichen Milch verrühren und ebenfalls auf 30 °C erwärmen und mit dem restlichen Mehl und dem Dampfl locker mischen. Das Butterschmalz zerlassen und ebenfalls dazugeben. Zu einem Teig verkneten. Den Teig ruhen lassen, danach in ca. 50 g große Teile teilen und mit der flachen Hand zu Kugeln schleifen.

Ein Backblech mit Backpapier belegen und die Teigstücke darauflegen. Nochmals 30 Minuten zugedeckt ruhen lassen.

Im 160 °C heißen Fett backen. Noch heiß mit Ananas-Marillen-Marmelade füllen und mit Staubzucker bestreuen.

Rucola-Aufstrich

4 Portionen

250 g Topfen *(Quark)*, mager
100 g Rucolablätter
1 Knoblauchzehe
Salz, Pfeffer
(ev. Cayenne-Pfeffer)

Rucolablätter grob hacken. Topfen, Rucola, Knoblauchzehe, Salz und Pfeffer in eine Schüssel geben und mit dem Mixer auf der kleinsten Mixstufe gut durchrühren.

Tipp: Dieser Aufstrich passt sehr gut zu dunklem Brot. Mit Gemüsestreifen belegen.

Brunch & Lunch

Scharfe Gurkenscheiben

1 Salatgurke
Cayennepfeffer

Gurke waschen, schälen und in 1 cm dicke Scheiben schneiden. Mit dem Rucola-Aufstrich bestreichen und mit Cayennepfeffer würzen.

Camembert-Tatar

4 Portionen

80 g Halbfettmargarine
250 g Camembert
1 TL Senf, mittelscharf
2 Eigelb
2 kleine Zwiebeln, gehackt
1 TL Kümmel
1 Bund Schnittlauch
1 TL Paprika, edelsüß

Die weiche Halbfettmargarine und den Camembert mit einer Gabel gut zerdrücken und mischen. Senf, Eigelbe, gehackten Zwiebel, Kümmel und fein geschnittenen Schnittlauch unterrühren. Mit Paprikapulver abschmecken.

Tipp: Dieser Aufstrich kann auch mit jeder anderen Weichkäsesorte hergestellt werden.

Brunch & Lunch

Mit Camembert überbackene Rösti

1 kg Kartoffeln, festkochend
3 EL Mehl
2 Eier
Salz
etwas frisch geriebener Muskat
Öl zum Ausbacken

Die Kartoffeln schälen, waschen und fein raspeln. Das Mehl und die Eier dazugeben und gut verrühren. Mit Salz und Muskat würzen.

Öl in der Pfanne sehr stark erhitzen. Von der Kartoffelmasse mit Hilfe eines Löffels Teig abstechen und in den Handflächen zu kleinen Fladen formen. In der Pfanne auf beiden Seiten goldbraun ausbacken.

Das Tatar auf Rösti streichen und 7 Minuten bei ca. 180 °C im vorgeheizten Backrohr backen.

Karotten-Nuss-Aufstrich

4 Portionen

200 g Karotten
100 g Walnüsse
100 g Topfen *(Quark)*, mager
100 g Sauerrahm *(saure Sahne)*
1 EL Honig
1/2 TL geriebene Orangenschale
Salz, weißer Pfeffer

Karotten grob zerkleinern und in wenig Wasser gardünsten. Walnüsse mit dem Pürierstab zerkleinern. Karottenstücke, Sauerrahm und Topfen mit Honig und Nüssen mit dem Pürierstab zu einer Creme verrühren. Mit Salz, Orangenschale und Pfeffer würzen.

Tipp: Rohe Karotten, Sellerie, Lauch, Apfelscheiben dazu servieren.

Brunch & Lunch

Gebackene Käsewürfel

200 g Emmentaler
2 EL Mehl
1 Ei
2 EL Dill, gehackt
Salz
Pflanzenöl zum Frittieren

Käse in 2 cm große Würfel schneiden. Das Mehl salzen und die Käsewürfel darin gleichmäßig panieren. Das Ei verquirlen, salzen und den gehackten Dill untermengen.

Öl in einer Pfanne erhitzen. Die Würfel durch die Eimasse ziehen und sofort im heißen Fett goldgelb backen. Die Käsewürfel mit einem Lochschöpfer herausnehmen, auf Küchenpapier abtropfen lassen und mit dem Karotten-Nuss-Aufstrich sofort servieren

Mittagessen

Tsatsiki

4 Portionen

1 Gurke
5 Knoblauchzehen
100 g Schafkäse
250 g Jogurt
2 EL Oregano
5 Basilikumblätter
Pfeffer, Salz

Knoblauchzehen pressen und Basilikumblätter waschen und fein hacken. Schafkäse kleinwürfelig schneiden, Gurke schälen, halbieren, die Kerne entfernen und kleinwürfelig schneiden. In einer Schüssel Jogurt mit Gurkenwürfeln, Schafkäse und Knoblauch gut verrühren und Oregano und gehackte Basilikumblätter dazugeben. Tsatsiki mit Pfeffer und Salz kräftig würzen.

Brunch & Lunch

Gyros mit Tsatsiki

500 g Schweinesteak
1 Zwiebel
2 El Olivenöl
Pfeffer, Salz
Paprikapulver
1/2 TL Thymian
1 Zehe Knoblauch

Das Schweinesteak in fingerdicke Streifen schneiden und in eine Schüssel legen. Zwiebel schälen, halbieren, in Scheiben schneiden und mit dem Fleisch mischen. Olivenöl dazugeben und mit frisch gemahlenem Pfeffer, Salz, Paprikapulver, Thymian und gepresstem Knoblauch würzen. Alles gut durchrühren und über Nacht zugedeckt im Kühlschrank marinieren.

In einer Pfanne ohne Fett von allen Seiten scharf anbraten. Auf Tellern anrichten und mit Tsatsiki servieren.

Karotten-Petersilien-Butter

4 Portionen

100 g Butter, kalt
5 Karotten
1/2 Bund Petersilie
Salz

Karotten schälen, waschen, trockentupfen und grobwürfelig schneiden. In einem Topf mit Salzwasser weichdünsten. Anschließend abseihen.

Petersilienblätter von den Stängeln zupfen, waschen und gut abtropfen lassen. Mit den Karotten und der Butter mit dem Pürierstab fein pürieren. Den Aufstrich mit Salz würzen und vor dem Servieren kaltstellen.

Brunch & Lunch

Grüne Nudeln mit Karotten-Butter

500 g grüne Bandnudeln
50 g Parmesan

Die Nudeln in reichlich Salzwasser bissfest kochen, abseihen und kalt abschrecken. Noch heiß in der Karotten-Petersilien-Butter schwenken und mit Parmesan bestreuen.

Dazu passt ein bunter Salat mit Tomaten, Mais und Gurken.

Kren-Nuss-Butter

4 Portionen

40 g Walnusskerne
40 g Haselnusskerne
100 g Butter, zimmerwarm
1 Knoblauchzehe
2 EL Schnittlauch
20 g Kren, frisch gerieben
Salz

In einer Pfanne 20 g Butter erhitzen und die Nüsse darin rösten. Mehrmals wenden. Die Pfanne vom Herd nehmen und die Nüsse auskühlen lassen.

Knoblauch schälen und pressen. Schnittlauch waschen, gut abtropfen lassen und in feine Röllchen schneiden. Die abgekühlten Nüsse fein hacken.

In einer Schüssel die restliche Butter mit Salz cremig rühren. Nüsse, Knoblauch, Schnittlauch und Kren mit dem Holzlöffel unterrühren.

Tipp: Diese Butter passt gut zu gegrilltem Fisch.

Jogurtbutter mit Curry

4 Portionen

250 g Jogurtbutter
1 TL Zucker
1/2 TL Salz
4 TL Curry

Butter schaumigrühren, die restlichen Zutaten unterrühren und im Gefrierschrank festwerden lassen.

Tipp: Passt gut zu geröstetem Weißbrot, Gegrilltem und Geflügel, aber auch zu Früchten wie Ananas oder Pfirsichen.

Tomaten-Nuss-Pesto

4 Portionen

20 Stück getrocknete Tomaten
200 g Haselnüsse, geschält und geröstet
2 Knoblauchzehen
200 ml Olivenöl
1 EL Basilikum
1 TL Petersilie
Pfeffer

Tomaten kleinwürfelig schneiden und mit den Knoblauchzehen mit dem Mixstab fein pürieren.

Die Haselnüsse im Mörser zerstoßen und zur Tomatenpaste geben. Das Olivenöl langsam unterrühren.
Alles gut pürieren, bis eine cremige Paste entsteht.

Basilikumblätter waschen, trocknen und fein hacken. Petersilie fein schneiden. Basilikum und Petersilie unterrühren und mit Pfeffer würzen. Mindestens 2 Stunden vor dem Servieren ziehen lassen.

Brunch & Lunch

Spaghetti mit Tomaten-Nuss-Pesto

500 g Spaghetti
100 g Parmesan
2 EL Pinienkerne
2 EL Olivenöl

Nudeln in reichlich Salzwasser al dente kochen. Abseihen und kalt abschrecken. Olivenöl in einer Pfanne erhitzen, Spaghetti dazugeben, gut durchrühren. Parmesan reiben und Pinienkerne grob hacken. Pesto, Parmesan und Pinienkerne auf die Spaghetti geben.

Kartoffelcreme mit schwarzen Oliven

4 Portionen

300 g Kartoffeln, mehligkochend
2 Zehen Knoblauch
2 EL Oliven, schwarz, ohne Kern
1/2 Bund Petersilie
2 EL Zitronensaft
4 EL Olivenöl
Salz, Pfeffer

Kartoffeln waschen und mit Schale weichkochen. Ausdampfen lassen, schälen und mit einer Gabel grob zerdrücken. Ganz auskühlen lassen.

Knoblauch schälen und sehr fein hacken. Oliven in feine Spalten schneiden. Petersilie waschen und mit einem Küchenpapier trocknen, Blättchen abzupfen und ebenfalls fein hacken.

Knoblauch, Oliven, Petersilie, Zitronensaft, 6 EL Wasser und Öl unter das Kartoffelpüree rühren. Mit Salz und Pfeffer abschmecken.

Tipp: Passt sehr gut zu gegrilltem Fisch oder Fleisch.

Brunch & Lunch

Kartoffel-Oliven-Suppe

1/4 l Milch
1/4 l Wasser
etwas Suppenwürze

Milch und Wasser in einem Topf zum Kochen bringen. Kartoffelcreme einrühren und mit Suppenwürze abschmecken.

Dazu passt sehr gut frisches Schwarzbrot.

Kartoffel-Knoblauch-Creme

4 Portionen

300 g Kartoffeln, festkochend
2 Zehen Knoblauch
5 EL Olivenöl
6 EL Rindsuppe
Saft einer halben Zitrone
Salz
1 kleine Peperoni

Kartoffeln in der Schale kochen und schälen. Anschließend durch eine Kartoffelpresse drücken. Knoblauch pressen und noch unter die warme Kartoffelmasse rühren. Mit Olivenöl und Rindsuppe, Zitronensaft und Salz gut vermischen, bis eine cremige Paste entsteht. Auskühlen lassen.

Die Peperoni in feine Ringe schneiden und die Kartoffel-Knoblauch-Creme damit garnieren.

Tipp: Passt kalt hervorragend zu gegrilltem Fleisch oder Fisch.

Brunch & Lunch

Gegrillte Forelle mit Kartoffel-Creme

4 Forellen, je ca. 250 g
6 EL Olivenöl
100 g Butter
2 EL Petersilie, gehackt
Saft einer Zitrone
Salz
etwas Mehl

Die Forellen innen und außen salzen und in Mehl wenden. Öl in einer Pfanne erhitzen und die Forellen darin auf beiden Seiten knusprig braten. Aus der Pfanne heben und das Bratenfett abgießen.

Die Butter in der Pfanne aufschäumen lassen und Zitronensaft dazugeben. Die Forellen mit Petersilie bestreuen und die Butter darübergießen.

Mit Kartoffel-Knoblauch-Creme servieren.

Heidelbeer-Käse

Käse feinwürfelig schneiden und mit den Heidelbeeren vermischen.

Jogurt mit Zitronensaft, Salz, Pfeffer und Zucker gut verrühren und kurz vor dem Servieren unter die Heidelbeer-Gouda-Masse heben.

4 Portionen

100 g Heidelbeeren
100 g Gouda

Dressing:
50 g Jogurt
Saft einer halben Zitrone
Salz, Pfeffer
1 Prise Zucker

Brunch & Lunch

Hirschsteak mit Heidelbeer-Käse

Die Hirschsteaks mit Pfeffer, Salz und Wacholderbeeren einreiben und etwas ziehen lassen. Die Champignons putzen und vierteln. Die Zwiebel schälen und kleinwürfelig schneiden.

In einer Pfanne die Butter erhitzen und die Champignons darin anbraten. Zwiebel dazugeben und mitbraten. Die Temperatur auf die niedrigste Stufe schalten und die Champignons mit Thymian, Pfeffer und Salz würzen. Crème fraîche kurz vor dem Servieren einrühren.

Butterschmalz in einer Pfanne erhitzen und die Hirschsteaks darin ca. 3 bis 4 Minuten auf jeder Seite braten.

Sofort mit Heidelbeer-Käse und Champignons servieren.

4 Hirschsteaks à 150 g
Salz
Pfeffer, frisch gemahlen
1 TL Wacholderbeeren, zerquetscht
500 g Champignons, braun
1 Zwiebel, rot
20 g Butter
Thymian
20 g Crème fraîche
20 g Butterschmalz

Mittagessen

Apfel-Karotten-Aufstrich mit Buttermilch

4 Portionen

250 g Karotten
2 Äpfel, säuerlich
1 EL Zitronensaft
Salz
Pfeffer, frisch gemahlen
1 Bund Petersilie
250 g Topfen *(Quark)*, mager
1/8 l Buttermilch

Karotten putzen, Äpfel schälen. Beides raspeln und verrühren. Zitronensaft dazugeben, damit die Äpfel nicht braun werden.

Topfen mit Buttermilch verrühren, mit Salz und Pfeffer würzen. Die Apfel-Karotten-Mischung unterrühren.

Petersilie waschen, die Blätter abzupfen und fein hacken. Unter den Aufstrich rühren.

Brunch & Lunch

Schinken-Käse-Laibchen

500 g Kartoffeln, fest kochend
2 EL Butter
50 g Käse, gerieben
4 Scheiben Schinken, würzig
50 g Weizenmehl
2 EL Öl
Salz, Pfeffer

Kartoffeln waschen, schälen und in Würfel schneiden. In Salzwasser ca. 12 Minuten kochen. Abseihen und gut abtropfen lassen.

Die Butter und den Käse zu einem weichen Brei verarbeiten. Schinken kleinwürfelig schneiden und mit dem Mehl in die Butter-Käse-Mischung einrühren. Je 1 cm dicke Laibchen formen. Öl in einer Pfanne erhitzen und die Laibchen darin auf beiden Seiten goldbraun braten.

Mit dem Apfel-Karotten-Aufstrich servieren.

Leberwurst à la maison

10 Gläser à 250 g

1 kg Schweinenacken, ohne Knochen
500 g Schweineleber
2 Scheiben Knacker
3 Zwiebeln
4 EL Schlagobers *(Schlagsahne)*
3 Lorbeerblätter
1/2 TL Oregano
1/2 TL Thymian
3 EL Weinbrand
1 TL Pfefferkörner
1/2 TL Korianderpulver
1 Prise Nelkenpulver
20 g Pistazien
Salz, Pfeffer
Knoblauchpulver

Den Schweinenacken in 1 l Wasser mit Salz, Pfefferkörnern, Zwiebeln und Lorbeerblättern ca. 15 bis 20 Minuten kochen. Die Leber mit dem Weinbrand marinieren. Knacker zum Schweinenacken geben und noch einmal 25 Minuten garen.

Das Fleisch und die Zwiebeln durch den Fleischwolf drehen. Dann die Leber durch den Fleischwolf drehen und beide Fleischsorten gut miteinander verrühren. Mit Oregano, Thymian, Koriander, Nelken, Salz, Pfeffer und Knoblauch würzen. Pistazien fein reiben und mit dem Schlagobers zu der Masse geben. Mit dem Kochsud zu einem streichfähigen Brei verrühren.

Die Masse in Gläser mit Schraubverschluss füllen (1 bis 2 cm unter den Rand). Die Gläser in eine Auflaufform stellen und ca. 3 cm hoch mit Wasser füllen. Das Backrohr auf 175 °C aufheizen und die Gläser noch eine Stunde einkochen lassen. Backrohr ausschalten und die Gläser darin auskühlen lassen.

Tsatsiki mit Soja-Sahne

4 Portionen

500 ml Soja-Sahne
1 Salatgurke
10 Zehen Knoblauch
2 kleine Zwiebeln, rot
2 EL Olivenöl
1 Bund Dill
1 TL Pfeffer, frisch gemahlen

Die Gurke schälen, entkernen, in kleine Stifte schneiden und in eine Schüssel geben. Die Zwiebeln und die Knoblauchzehen schälen, in sehr kleine Würfel schneiden und zu den Gurkenstiften geben. Den Dill waschen, trocknen, klein schneiden und ebenfalls in die Schüssel geben. Pfeffer und Soja-Sahne dazugeben und gut miteinander verrühren. Das Tsatsiki kalt stellen und vor dem Servieren noch einmal umrühren.

Brunch & Lunch

Gurkensuppe mit Käsestangen

Ergänzende Zutaten:
1/4 l Gemüsebrühe
1/4 l Jogurt

Käsestangen:
130 g Mehl
70 g Butter
20 g geriebener Emmentaler
15 g ger. Parmesan
1 Eigelb
1 Prise Trockenhefe
4 EL Milch
1 Ei zum Bestreichen
40 g geriebener Emmentaler zum Bestreuen

Für die Suppe alle angeführten Zutaten gut miteinander verrühren und mit dem Pürierstab fein pürieren, bis eine Creme entsteht. Im Kühlschrank eine Stunde durchkühlen lassen.

Mehl, Butter, Emmentaler, Parmesan, Eigelb, Hefe und Milch zu einem geschmeidigen Teig verarbeiten. Zugedeckt ca. 30 Minuten kühl rasten lassen. Dünn ausrollen, in 15 cm lange Stangen schneiden und auf ein mit Backpapier ausgelegtes Blech geben. Das Ei verquirlen. Die Stangen mit dem Ei bestreichen und mit Emmentaler bestreuen. Backrohr auf 200 °C vorheizen und die Stangen 12 Minuten backen. Anschließend mit den noch warmen Käsestangen servieren.

Petersilien-Mandel-Aufstrich

4 Portionen

200 g Frischkäse
1 Zwiebel, klein
70 g Mandeln, gehackt
1 Bund Petersilie
Salz, Pfeffer

Mandeln in der Pfanne trocken anrösten.
Zwiebel und Petersilie fein hacken und mit dem Frischkäse verrühren. Geröstete Mandeln dazugeben und mit Salz und Pfeffer abschmecken.

Tipp: Passt zu Kartoffeln jeglicher Art und ist ein idealer Dip für gegrilltes Fleisch und Gemüse.

Frühlingsdip mit Zwiebeln

4 Portionen

250 g Topfen
***(Quark)*, mager**
150 g Feta-Käse
1 EL Milch
1 Zehe Knoblauch
1 Frühlingszwiebel
1 EL Petersilie
1 EL Schnittlauch
1 TL Basilikum
Salz, Pfeffer
Paprikapulver, edelsüß

Den Fetakäse zerbröseln und mit Topfen und Milch pürieren.

Petersilie und Basilikum waschen, trockentupfen und fein hacken. Schnittlauch in feine Röllchen schneiden. Alle Kräuter unter die Fetamasse mischen.

Knoblauch schälen, durch eine Knoblauchpresse drücken und zu der Fetamasse geben. Frühlingszwiebel fein hacken und ebenfalls gründlich unterrühren.

Mit Salz, Pfeffer und Paprikapulver würzen.

Tipp: Mit den Kräutern kann man den Aufstrich sehr gut variieren. Passt sehr gut zu Gegrilltem oder Salzkartoffeln.

Spinat-Walnuss-Creme

4 Portionen

1,5 kg Spinat, frisch
1 kleine Zwiebel
3 Zehen Knoblauch
100 g Walnüsse
4 TL Petersilie
4 TL Koriandergrün
2 EL Zitronensaft
einige Fäden Safran
1 EL Olivenöl
1 TL Pfeffer, frisch gemahlen
Salz

Den Spinat putzen, entstielen und in etwas Wasser weich kochen. Anschließend ausdrücken, fein hacken und in eine Schüssel geben. Die Zwiebel und die Knoblauchzehen fein hacken, im Olivenöl glasig andünsten und dann zum Spinat geben.
Koriander, Petersilie, Pfeffer, Zitronensaft, Safran und Walnüsse dazugeben und mit dem Pürierstab so pürieren, dass noch kleine Stücke der Walnüsse erkennbar sind.

Mit etwas Salz abschmecken und auf einen flachen Teller geben. Glatt streichen, mit Frischhaltefolie bedecken und für 1 bis 2 Stunden in den Kühlschrank geben.

Brunch & Lunch

Kartoffel-Tortillas

400 g Kartoffeln, festkochend
1 Zwiebel
4 EL Öl
3 Eier
Salz, Pfeffer

Kartoffeln in feine Scheiben und Zwiebel in feine Ringe schneiden. Zwei Esslöffel Öl in einer Pfanne erhitzen. Kartoffeln und Zwiebel bei schwacher Hitze 10 Minuten braten, bis die Kartoffeln weich sind. Vom Herd nehmen. Eier mit etwas Salz und Pfeffer in einer großen Schüssel verquirlen. Kartoffeln und Zwiebel untermengen.
Das restliche Öl in der Bratpfanne erhitzen. Kartoffelmischung dazugeben und 5 bis 8 Minuten ausbacken, bis die Eiermischung gestockt ist.

Einen Teller verkehrt über die Pfanne halten und die Tortilla daraufstürzen. Mit Spinat-Walnuss-Creme bestreichen. Warm servieren.

Kürbiskonfitüre

Für 10 Gläser à 200 g

500 g Kürbisfleisch
300 g Ananas
200 ml Apfelsaft
2 Chilischoten, grün
2 Chilischoten, rot
500 g Zucker
1 Beutel Gelierfix 3 : 1
1 Pkg. Zitronensäure
Schale von 3 unbehandelten Zitronen

Kürbis schälen, Kerne entfernen, in kleine Stücke schneiden und 500 g abwiegen. Von der Ananas den Strunk abschneiden, die Frucht vierteln und die holzige Mitte herausschneiden. Ananas schälen, fein schneiden und 300 g abwiegen.

Chilischoten waschen, abtropfen lassen, halbieren, entkernen, in sehr kleine Würfel schneiden und je etwa 1 TL abmessen.

Ananas, Kürbisfleisch, Apfelsaft, Chilischoten und Zitronensäure in einen großen Kochtopf geben. Zucker mit Gelfix mischen und unter die Fruchtmasse rühren. Zitronenschale beifügen.

Bei starker Hitze unter ständigem Rühren zum Kochen bringen, mindestens 3 Minuten sprudelnd kochen und von der Platte nehmen.

Fein pürieren und sofort in Gläser füllen.

Marillen-Creme

Marillen würfelig schneiden. Mit Chilischote, Sherry, Zucker und Wasser in einen Topf geben, zum Kochen bringen und 5 Minuten einkochen. Danach mindestens 2 Stunden auf der ausgeschalteten Herdplatte ziehen lassen. Früchte mit Chili und Sud unter Zugabe der Sahne fein pürieren. Mit Zitronenschale und Zimt abschmecken und mit Zitronensaft verfeinern.

Tipp: Passt hervorragend zu Huhn, aber auch zu Fondue und Raclette. *Foto Seite 82/83*

4 Portionen

200 g getrocknete Marillen *(Aprikosen)*
1 klein geschnittene Chilischote
4 EL Sherry
4 EL Zucker
150 cl Wasser
Schale einer halben Zitrone
100 g Schlagobers *(Schlagsahne)*
1 Msp. Zimt
2 EL Zitronensaft

Brunch & Lunch

Gefüllte Hühnerbrust

Toastbrot in kleine Würfel schneiden, unter die Marillencreme mischen und 5 Minuten ziehen lassen. Die Hühnerbrust mit einem Faltschnitt aufklappen, vorsichtig klopfen, salzen und mit der Marillenmischung füllen. Die Brust wieder zusammenklappen.
Blätterteig ausrollen und in 4 gleich große Quadrate schneiden. Je eine Hühnerbrust in ein Blätterteigquadrat einrollen. Ei mit der Gabel verquirlen und den Blätterteig damit bestreichen. Auf ein mitBackpapier belegtes Blech geben und im vorgeheizten Backrohr bei 200 °C 25 Minuten goldbraun backen.

Anschließend 5 Minuten rasten lassen. In Scheiben geschnitten und mit Mischgemüse garniert servieren.

4 Stück Hühnerbrust
2 Stück Toastbrot
200 g Blätterteig
1 Ei zum Bestreichen

Sesam-Zucchini-Püree

4 Portionen

500 g Zucchini
2 Zwiebeln
1 Knoblauchzehe
250 g Magertopfen *(Quark)*
Saft einer halben Zitrone
1 EL Koriander, gemahlen
2 EL Sesampaste
1 EL Öl
Salz
Paprikapulver, scharf

Zwiebeln und Knoblauch fein würfelig schneiden. Zucchini grob würfelig schneiden. Das Öl in einer Pfanne erhitzen und Zwiebeln und Knoblauch darin anbraten. Zucchini dazugeben und mit Salz, Koriander und Paprikapulver würzen. So lange braten, bis die Zucchini weich ist.

Etwas abkühlen lassen und anschließend mit dem Mixstab fein pürieren. Den Topfen unterrühren und mit Zitronensaft und Sesampaste abschmecken.

Tipp: Passt zu Fleisch und Fisch kalt, aber auch warm.

Brunch & Lunch

Buchweizenblinis mit Sesam-Zucchini-Püree

130 g Buchweizenmehl
120 g Weizenmehl, glatt
3 g Hefe
1 Ei
2 Eigelb
2 Eiweiß
1/4 l Milch
20 g Butter
Salz
Fett zum Backen

Beide Mehlsorten vermischen und die Hefe dazubröckeln. Milch erwärmen, die Butter dazugeben und unter das Mehlgemisch rühren. Ei und Eigelb untermengen und glattrühren. Eiweiß und etwas Salz zu Schnee schlagen und unter den Teig ziehen. Eine halbe Stunde bei Raumtemperatur gehen lassen.

In einer passenden Pfanne Fett erhitzen und mit einem Löffel Teig in Plätzchenform in die Pfanne setzen. Beidseitig knusprig braun backen.

Aus der Pfanne heben und mit dem Sesam-Zucchini-Püree servieren.

Gorgonzola-Aufstrich

4 Portionen

250 g Topfen
***(Quark)*, mager**
125 g Gorgonzola
3 Knoblauchzehen
200 g Schinken
1 EL Schnittlauch
Salz, Pfeffer

Schinken, Knoblauch und Käse grob schneiden, dann mit dem Mixstab pürieren. Alles in eine Schüssel geben und den Topfen gut unterrühren. Mit Salz und Pfeffer würzen.

Tipp: Dieser Aufstrich schmeckt am besten auf neutralem Weißbrot.

Brunch & Lunch

Nudeln mit Gorgonzola-Soße

500 g Spagetti
Salz
1/4 l Schlagobers
(Schlagsahne)
1/4 l klare
Gemüsesuppe

Spagetti in reichlich Salzwasser al dente kochen, abseihen und kalt abschrecken.

Statt mit Topfen wird der Gorgonzola-Aufstrich mit Schlagobers und Suppe zubereitet, damit eine Soße entsteht. Schlagobers und Suppe aufkochen lassen. Die restlichen Aufstrichzutaten einrühren und mit dem Pürierstab cremig pürieren.

Mit den Nudeln servieren.

Tomaten-Paprika-Aufstrich mit Thymian

4 Portionen

1 Tomate
1/2 Paprikaschote
100 g Sauerrahm
(saure Sahne)
6 Oliven, schwarz, entkernt
1 Knoblauchzehe
1 TL Thymian
Kräutersalz, Pfeffer
1 TL Zitronensaft

Die Tomate und die halbe Paprikaschote feinwürfelig schneiden. Oliven fein hacken. Alle Zutaten mit dem Sauerrahm gut verrühren. Knoblauch und Thymian dazugeben.
Mit Zitronensaft, Salz und Pfeffer abschmecken.

Brunch & Lunch

Italienische Reislaibchen

2 EL Olivenöl
100 g Reis
200 ml Wasser
1 Kartoffel
4 Frühlingszwiebeln
1 Zehe Knoblauch
1 EL frische Petersilie, gehackt
3 Eier
Salz, Pfeffer

Reis mit Wasser und Salz garkochen. Die Kartoffel waschen und fein raspeln. Frühlingszwiebeln waschen und in dünne Ringe schneiden. Die Knoblauchzehe schälen und fein hacken.

Die Hälfte des Olivenöls in einer großen Bratpfanne erhitzen. Den Reis, die Frühlingszwiebeln und die Kartoffel mit dem Knoblauch in die Pfanne geben und gut durchrösten. Anschließend etwas abkühlen lassen.
Eier aufschlagen und mit Petersilie verquirlen, salzen und pfeffern. Das Eiergemisch unter die Reismasse rühren.

Restliches Öl in einer Pfanne erhitzen, mit einem Löffel Laibchen ausstechen und beidseitig goldbraun braten.
Mit Tomaten-Paprika-Aufstrich servieren.

Mandel-Lauch-Butter

4 Portionen

100 g Halbfett-margarine, zimmerwarm
50 g Topfen *(Quark)*
100 g Mandeln
1 Lauchstange
Salz

Mandeln fein reiben. Lauch in feine Ringe schneiden. Margarine schaumig schlagen. Mandeln, Lauch und Salz zufügen, gut vermengen.

Brunch & Lunch

Gegrillte Fischspieße

400 g Fischfilet
1 Msp. Fenchelsamen, gemahlen
5 EL Olivenöl
1 Zitrone, unbehandelt
5 EL Zitronensaft
1 Zwiebel
Salz

Den Fisch in ca. 2 cm große Würfel schneiden.

Zwiebel schälen und sehr fein hacken. Mit Olivenöl, Zitronensaft, Salz und Fenchelsamen verrühren. Über die Fischwürfel gießen und mindestens 2 Stunden (noch besser über Nacht) zugedeckt im Kühlschrank marinieren.

Zitrone waschen, trockentupfen und in Spalten schneiden. Die Fischwürfel aus der Marinade nehmen und abtropfen lassen. Die Marinade auf die Seite stellen. Fischwürfel und Zitronenspalten abwechselnd auf Holzspieße stecken und auf dem Grill oder in der Pfanne ohne Fett auf allen Seiten ca. 4 Minuten braten. Ab und zu mit Marinade übergießen.

Mit Mandel-Lauch-Butter servieren.

Kräuterbutter

4 Portionen

100 g Jogurtbutter
1 TL Estragon
1 TL Petersilie
1 TL Basilikum
1 TL Kerbel
1 EL Schalotten
1 Msp. Knoblauch
1 TL Senf
1 Spritzer Zitronensoße
2 Spritzer Worcestershiresoße
Salz

Butter schaumigrühren. Kräuter fein hacken. Schalotte fein hacken. Mit Knoblauch, Salz, Senf, Zitronensoße, Worcestershiresoße vermischen und würzig abschmecken. Masse auf Alu-Folie legen, eine Rolle formen und zusammendrehen. Einige Stunden im Kühlschrank belassen. Dann aus der Folie drehen, in Scheiben schneiden und erst im letzten Moment vor dem Servieren auf das Grillgut legen.

Tipp: Als Würzsoße für Steaks und anderes Grillgut bestens geeignet. Man kann davon auch einen Vorrat anlegen und portionsweise einfrieren.

Brunch & Lunch

Lammspießchen

500 g Lammfilet
2 TL Oregano
100 ml Olivenöl
4 Zehen Knoblauch
4 große Zwiebeln
Saft einer Zitrone
6 Kirschtomaten
Salz, Pfeffer, Paprika

Das Fleisch trockentupfen und in 20 gleich große Würfel schneiden. Olivenöl mit Zitronensaft, Oregano und gepresstem Knoblauch verrühren. Die Fleischwürfel dazugeben, mit Salz, Pfeffer und Paprika würzen und gut vermischen. Zugedeckt ca. 3 Stunden im Kühlschrank marinieren.

Zwiebeln schälen und vierteln. Tomaten waschen und gut abtropfen lassen. Im Wechsel mit dem Fleisch auf 4 Spieße stecken, mit der Marinade bestreichen und auf dem Grill ca. 15 Minuten braten. Zwischendurch wenden und noch einmal mit Marinade bestreichen.

Ölsardinenaufstrich

4 Portionen

20 Ölsardinen, klein
1 Kartoffel
1 Zwiebel
1 Knoblauchzehe
Salz, Pfeffer
1 TL Dill
4 EL Olivenöl
2 EL Tomatenmark

Ölsardinen gut abtropfen lassen. Kartoffel kochen und schälen. Ölsardinen und Kartoffel vermengen und mit der Gabel zerdrücken. Zwiebel fein würfelig schneiden. Knoblauch pressen. Zwiebel, Tomatenmark, Knoblauch, Dill, Salz und Pfeffer sowie Olivenöl zu der Kartoffel-Sardinen-Masse geben und gut miteinander verrühren.

Tipp: Schmeckt hervorragend auf Bauernbrot oder Crostinis.

Brunch & Lunch

Nudeltaschen mit Fischfülle

Für den Nudelteig:
300 g Mehl
3 Eier
Salz
3 TL Öl
2 EL Butter
2 EL Parmesan

Mehl auf ein Brett sieben und eine Mulde eindrücken. Eier, Öl und Salz dazugeben und mit dem Mehl mischen. So lange kneten, bis der Teig glänzend und geschmeidig ist (10 bis 15 Minuten). Den Teig in eine Schüssel geben und ca. 1 Stunde ruhen lassen.

Auf einer bemehlten Arbeitsfläche den Teig dünn ausrollen und in 6 x 6 cm große Quadrate schneiden. Mit dem Ölsardinenaufstrich füllen und gut zusammendrücken. In heißem Salzwasser 10 Minuten ziehen (nicht kochen!) lassen.

Auf Tellern anrichten und mit zerlassener Butter und Parmesan bestreut servieren.

Pilz-Aufstrich

4 Portionen

200 g Pilze nach Saison
1 EL Olivenöl
1 Zwiebel
1/2 TL Majoran
1 Knoblauchzehe
2 TL Petersilie
Salz, Pfeffer

Zwiebel fein hacken. Knoblauch fein würfelig schneiden. In einer Pfanne mit Olivenöl Pilze dünsten.
Fein gewürfelte Zwiebeln sowie Majoran zufügen und mit anrösten. Mit Salz und Pfeffer würzen, Knoblauch zufügen, vermengen und vom Herd ziehen.
Oliven zufügen, sodass beim Pürieren ein cremiger Aufstrich entsteht.

Brunch & Lunch

Pilz-Strudel

1 TK Blätterteig
5 Schinkenscheiben
2 Eier

Die Eier trennen. Den Pilz-Aufstrich mit den Eigelben gut verrühren. Das Eiweiß zu Schnee schlagen und unterheben. Den Blätterteig ausrollen und die Schinkenscheiben darauflegen, mit der Pilzmasse bestreichen und links und rechts zu je einem Drittel einschlagen.

Backrohr auf 200 °C vorheizen.
Den Strudel auf ein mit Backpapier ausgelegtes Backblech geben und ca. 35 Minuten backen.

Steireraufstrich

4 Portionen

500 g Geselchtes
4 Gewürzgurken
4 Peperoni, scharf
3 EL Sauerrahm
(saure Sahne)

Peperoni gut abtropfen und entkernen. Alle Zutaten in einem Cutter klein schneiden und abschmecken.

Tipp: Schmeckt sehr gut auf Bauernbrot mit knuspriger Kruste.

Brunch & Lunch

Steirerauflauf

500 g Hörnchen-Nudeln
100 g geriebener Emmentaler
1 Ei
100 ml Milch

Nudeln in reichlich Salzwasser wallend bissfest kochen, abgießen und kalt abschrecken. In eine Auflaufform geben und den Steireraufstrich unterrühren. Milch mit dem Ei verquirlen und über den Auflauf gießen, mit geriebenem Emmentaler bestreuen und bei 160 °C ca. 30 Minuten im Backrohr überbacken.

Mit grünem Salat servieren.

Pikanter Schinkenaufstrich

4 Portionen

200 g Schinken, gekocht
50 g Halbfettmargarine, zimmerwarm
1 1/2 TL Senf, mittelscharf
2 TL Weißweinessig
5 Tropfen Tabascosoße
1/2 TL Ingwer, gemahlen
1/2 TL Thymian, getrocknet
1 Prise Muskatnuss, gemahlen
1 Prise Nelken, gemahlen

Schinken mit dem Küchenmixer zerkleinern, dann gut mit den restlichen Zutaten vermischen. In mit Deckeln verschließbare saubere Behälter füllen und über Nacht oder bis zum Gebrauch kühlen, damit sich die Aromen der Zutaten gut miteinander verbinden.

Brunch & Lunch

Würzige Schinkenfleckerl

500 g Fleckerl
100 g Gouda

Fleckerl in Salzwasser bissfest kochen. Abseihen und kalt abschrecken. In eine Auflaufform geben und den Schinkenaufstrich unterrühren. Den Gouda reiben und über die Nudelmasse streuen.

Backrohr auf 180 °C vorheizen. Den Auflauf ca. 30 Minuten backen.

Mit buntem Salat servieren.

Resteaufstrich

4 Portionen

200 g Wurstreste
80 g Gewürzgurken
1 Zwiebel, klein, rot oder weiß
150 g Crème fraîche
150 g Sauerrahm *(saure Sahne)*
2 EL Estragonsenf
2 EL Schnittlauchröllchen
1 Prise Muskatnuss
Salz, Pfeffer

Schinken und Gewürzgurken fein schneiden. Zwiebel schälen, klein würfelig schneiden und mit Crème fraîche, Sauerrahm, Schinken, Schnittlauch und Gurken gut vermengen. Mit Senf, Muskatnuss, Salz und Pfeffer abschmecken.

Tipp: Schmeckt am besten auf Bauernbrot oder rustikalem Gebäck.

Brunch & Lunch

Kartoffelauflauf

Gewürzgurken durch 80 g Mischgemüse ersetzen
500 g Kartoffeln, mehlig kochend
2 EL Öl
100 g geriebener Emmentaler

Ein tiefes Backblech mit dem Öl bestreichen. Kartoffeln schälen, in feine Scheiben schneiden und in das Backblech schichten. Den Resteaufstrich auf den Kartoffeln verteilen und mit Emmentaler bestreuen.

Backrohr auf 160 °C vorheizen. Den Kartoffelauflauf 30 Minuten backen.

Dazu passt gemischter Blattsalat.

Püree von weißen Bohnen

4 Portionen

100 g Bohnen, weiß, getrocknet
2 Knoblauchzehen
100 g Tomaten, getrocknet, in Öl
50 g Parmesan, gerieben
2 TL Kapern
100 g Tomatenmark
6 EL Olivenöl
Salz, Cayennepfeffer

Die Bohnen über Nacht in 1/2 l Wasser einweichen und anschließend im Einweichwasser ca. 30 Minuten garen. Abgießen und die Bohnen mit den übrigen Zutaten pürieren. Pikant abschmecken.

Tipp: Vorsicht mit Salz!

Brunch & Lunch

Gebratene Zucchinischeiben mit Bohnenpüree

2 mittelgroße Zucchini
25 g Mehl
2 Eier
2 EL Milch
Salz, Pfeffer
4 EL Öl

Zucchini waschen und abtrocknen. Diagonal in etwa 5 mm dicke Scheiben schneiden. Mehl salzen und die Zucchinischeiben darin wenden. Milch und Ei in einer kleinen Schüssel verquirlen und mit Salz und Pfeffer würzen.

Öl in einer Pfanne erhitzen. Die Zucchinischeiben durch die Eimasse ziehen und sofort im heißen Fett knusprig goldbraun backen.

Auf Küchenpapier abtropfen lassen und mit Bohnenpüree servieren.

Zwiebel-Nuss-Butter
mit Kräutern

Zwiebeln und Knoblauch sehr fein hacken und in der Hälfte der Margarine goldgelb braten. Nüsse mit Majoran, Thymian und Lorbeerblatt sehr fein hacken. Nussmischung, Hefeflocken und Gemüsebrühepulver unter die Zwiebeln mischen und 1 bis 2 Minuten unter Rühren mitbraten.
Den Topf von der Kochstelle nehmen, das Wasser und die restliche Margarine unter die warme Masse rühren. Mit Pfeffer abschmecken. 1 bis 2 Stunden im Kühlschrank durchziehen lassen.

Tipp: Der Aufstrich ist im Kühlschrank 8 Tage haltbar.

4 Portionen

150 g Zwiebeln
2 Knoblauchzehen
200 g Halbfettmargarine
80 g Haselnüsse, gemahlen
2 TL Majoran, getrocknet
1 TL Thymian, getrocknet
1 Lorbeerblatt, klein
6 EL Hefeflocken
2 TL Gemüsebrühepulver
6 EL Wasser
Pfeffer

Desserts

Aloe-vera-Erdbeer-Topfen

4 Portionen

50 ml Aloe-vera-Saft
250 g Topfen
***(Quark)*, mager**
250 g Erdbeeren, frisch
1 Pkg. Vanillezucker

Aloe-vera-Saft und Topfen miteinander verrühren. Die Erdbeeren waschen, entstielen und fein würfelig schneiden. Unter den Aloe-vera-Topfen rühren und mit Vanillezucker süßen.

Brunch & Lunch

Aloe-vera-Erdbeer-Terrine

1/4 l Schlagobers
(Schlagsahne)
8 Blatt Gelatine

Für die Kiwi-Soße:
2 Kiwis
1 EL Zucker

Gelatine in kaltem Wasser einweichen, gut ausdrücken und in 2 EL heißem Wasser auflösen. Schlagobers steifschlagen, mit der Gelatine verrühren und unter die Aloe-vera-Creme mischen.

In eine mit Folie ausgelegte Kastenform streichen und ca. 2 Stunden kühlstellen.

Die Kiwis schälen, in eine Schüssel geben und gemeinsam mit dem Zucker fein pürieren.

Die Terrine in Scheiben schneiden und mit der Kiwi-Soße servieren.

Honigbutter

4 Portionen

150 g Jogurtbutter
2 EL Honig
1 Msp. Zimt

Butter und Honig schaumigrühren. Zimt untermengen. Auf eine Plastikfolie geben und zu einer Stange formen. Folie an beiden Enden verschließen und in den Kühlschrank zum Härten geben.

Tipp: Passt sehr gut zu Crêpes.

Crêpes

125 g Weizenmehl
25 g Butter
100 ml Milch
125 ml Wasser
1 Ei
Salz

Mehl, Salz, Eier und Milch verrühren, nach und nach Wasser und zerlassene Butter zufügen. Den Teig kühl eine halbe Stunde quellen lassen.

Den Teig mit einem Soßenlöffel in eine heiße, leicht gefettete Pfanne gießen, durch Schwenken in der Pfanne verteilen und auf beiden Seiten goldbraun backen. Den Vorgang so oft wiederholen, bis der Teig aufgebraucht ist.

In die heißen Crêpes die Honigbutter streichen, zusammenschlagen und servieren.

Tipp: Fertige Crêpes kann man bis zum Füllen im warmen Backrohr (ca. 70 °C) warmhalten.

Bunter Fruchttopfen

4 Portionen

120 g Topfen *(Quark)*
5 EL Obers *(Sahne)*
100 g frisches Obst *(Erdbeeren, Himbeeren, Bananen, Äpfel, Johannisbeeren)*
1 EL Honig

Das Obst im Mixer fein zerkleinern. In einer Schüssel den Topfen mit Obers und Honig cremig rühren und Obstmasse unterheben. Den Fruchttopfen sofort servieren.

Brunch & Lunch

Topfencreme mit frischen Früchten

1/4 l Schlagobers *(Schlagsahne)*
1 EL Zucker

Schlagobers mit Zucker steifschlagen und unter die Topfenmasse rühren.

In Dessertschalen füllen, mit frischen Fruchtstückchen garnieren und servieren.

Buttermilch-Karamell

4 Portionen

1/2 l Buttermilch
250 g Zucker
2 EL Öl

Öl in einer Pfanne erhitzen und Zucker dazugeben. Unter ständigem Rühren karamellisieren. Die Buttermilch darüber gießen und so lange rühren, bis sich der Karamell aufgelöst hat.

Abkühlen lassen.

Brunch & Lunch

Buttermilch-Karamell-Terrine

250 g Jogurt
8 Blatt Gelatine
250 g frische Erdbeeren

Die Gelatine in kaltem Wasser einweichen.

In der Zwischenzeit Erdbeeren waschen, gut abtropfen lassen und in kleine Würfel schneiden. Jogurt unter den Buttermilch-Karamell mengen. Gelatine ausdrücken, drei Esslöffel Wasser aufkochen und die Gelatine darin auflösen. Unter die Jogurt-Karamell-Masse rühren und in eine mit Folie ausgelegte Terrinenform streichen. Die Erdbeeren darübergeben und ca. 2 Stunden kühlen.

Dattel-Marzipan-Aufstrich

4 Portionen

100 g Datteln
100g Rohmarzipan
8 EL Milch
1 EL Vanillepudding-pulver
2 EL Rum

Puddingpulver mit 2 EL Milch glattrühren. In einem Topf die restliche Milch aufkochen, Puddingpulver mit dem Schneebesen einrühren und bei geringer Hitze kurz aufkochen lassen, vom Herd nehmen und auskühlen lassen. Marzipan fein reiben und in den Pudding einrühren. Datteln entkernen, klein schneiden und in die Creme rühren. Aufstrich mit Rum abschmecken.

Foto Seite 114/115

Brunch & Lunch

Beeren mit Marzipanhaube

100 g Erdbeeren
100 g Himbeeren
50 g Zucker

Beeren mit Zucker pürieren und in Gläser füllen.
Mit Dattel-Marzipan-Aufstrich bedecken und eine halbe Stunde kaltstellen.

Mit kleinen Erdbeeren oder Himbeeren garniert servieren.

Fruchtiger Kirschaufstrich

4 Portionen

100 g Kirschen
50 g Erdbeeren
100 g getrocknete Datteln
3 getrocknete Feigen

Erdbeeren und Kirschen waschen, trockentupfen und Kirschen entkernen. Datteln entkernen, Feigen und Datteln fein schneiden. Kirschen, Erdbeeren, Datteln und Feigen im Mixer fein pürieren.

Maronen-Aufstrich

4 Portionen

200 g Maronen
1 EL Puderzucker
1 EL Butter, handwarm
1 Pkg. Vanillezucker
1 EL Zitronensaft
Salz

Die Maronen an den spitzen Enden kreuzweise einschneiden. In einem Topf mit leicht gesalzenem Wasser in 40 Minuten weich kochen. Nach dem Ende der Garzeit Maronen abseihen, Schalen und braune Innenhäute entfernen. Maronen im Mixer pürieren und abkühlen lassen.
In einer Schüssel das Maronenpüree mit Butter, Puderzucker, Vanillezucker und Zitronensaft gut verrühren. Dieser Aufstrich eignet sich für Vollkornbrötchen.

Tipp: Den Aufstrich in 4 Dessertschalen geben, mit Preiselbeeren und geschlagenem Schlagobers servieren.

Mandelmus

4 Portionen

250 g Mandeln, gemahlen
2 EL Honig
1 Prise Zimt
Öl und Amaretto nach Bedarf

Öl in einer Pfanne erhitzen und fein gemahlene Mandeln darin kurz anrösten. In einer Schüssel Mandeln mit Honig und Zimt gut verrühren. So viel Amaretto beifügen, bis ein streichfähiges Mus entsteht. Dieser Aufstrich eignet sich für alle Weißbrotsorten.

Brunch & Lunch

Mandel-Tiramisu

1 Pkg. Biskotten
250 g Mascarpone
250 g Schlagobers *(Schlagsahne)*
50 g Zucker

Schlagobers steif schlagen. Mascarpone mit Zucker verrühren und das Schlagobers unterheben.

Eine Auflaufform abwechselnd mit Biskotten, Mandelmus und Oberscreme bestreichen, bis die Form gefüllt ist. Für 2 Stunden in den Kühlschrank stellen.

Mit einem Erdbeerspiegel dekoriert servieren.

Kalte Platten

Pikante Topfencreme

für 4 Portionen

250 g Topfen
***(Quark)*, mager**
5 cl Milch
1 Eigelb
1 Eiweiß
Salz, Pfeffer

Topfen mit Milch verdünnen, Eigelb untermischen und mit Salz und Pfeffer würzen. Eiweiß zu steifem Schnee schlagen und unter die Topfenmasse heben.

Die Topfencreme kann je nach Geschmack variiert werden:

Kräuter-Topfencreme

1 Bund Schnittlauch
1/2 Bund Petersilie
1 TL Dill
1 TL Basilikum

Kräuter fein hacken und mit der Topfencreme vermengen

Diabolo-Topfencreme

50 g Ketchup
50 g Barbecue-Soße
5 Tropfen Tabasco

Alles vermischen und unter die Topfencreme heben.

Curry-Topfencreme

5 cl Schlagobers
(Sahne)
1 Prise Zucker
1 EL Curry

Obers mit Zucker steifschlagen, mit Curry verrühren und unter die Topfencreme heben.

Senf-Topfencreme

Schlagobers steifschlagen, mit Senf, Essig und Estragon vermengen und unter die Topfencreme heben.

3 EL Senf
5 cl Schlagobers
(Sahne)
1 Spritzer Essig
1 TL Estragon

Kren-Topfencreme

Kren und Radieschen fein reiben und unter die Topfencreme heben.

100 g Kren
(Meerrettich)
4 Radieschen

Johannisbeer-Topfencreme

Johannisbeergelee, Orangenschale, Senf und Rotwein vermischen und unter die Topfencreme heben.

Tipp: Wer die Topfencreme etwas fester möchte, nimmt nur die Hälfte des geschlagenen Eiweißes.

200 g Johannisbeergelee
etwas Orangenschale, gerieben
2 TL Senf
5 cl Rotwein

Die Aufstriche auf verschiedene Brotscheiben streichen und mit eingelegtem Gemüse belegen. Diese Platte kann man optimal für jede Party vorbereiten.

Sonnenblumenkern-Aufstrich

4 Portionen

150 g Sonnenblumenkerne
50 g entsteinte Oliven
2 EL Kapern
1 geschälte Knoblauchzehe
4 EL Öl
Salz, Pfeffer

Sonnenblumenkerne in einer Pfanne ohne Fett rösten, auskühlen lassen und fein hacken. Entsteinte Oliven mit Kapern, geschältem Knoblauch und Öl pürieren und die Sonnenblumenkerne untermischen. Mit Salz und Pfeffer würzen.

Tipp: Statt Sonnenblumenkerne lassen sich auch Kürbiskerne für den Aufstrich verwenden.

Petersilien-Aufstrich

für 4 Portionen

50 g Halbfettmargarine
200 g Topfen *(Quark)*, mager
1/2 EL Estragon, gehackt
1 EL Petersilie, gehackt
1 EL Estragonsenf
1 EL Zitronensaft
Salz, Pfeffer

Weiche Margarine ca. 10 Minuten schaumigschlagen. Estragon, Petersilie, Senf und Zitronensaft einrühren. Topfen beimengen und mit Zitronensaft, Salz und Pfeffer würzen.

Tipp: Aufstrich in einen Dressiersack füllen und ausgehöhlte Cherrytomaten damit füllen – ein Highlight auf jeder kalten Platte!

Kren-Gemüse-Aufstrich

4 Portionen

70 g Karotten
1 EL Wasser
80 g mehlige Kartoffeln
1 Bund Petersilie
1 kleine Zwiebel
1 TL Kren *(Meerrettich)*
1 TL Olivenöl
Salz, weißer Pfeffer
1 TL Zitronensaft

Karotten und Kartoffeln waschen, schälen und würfelig schneiden. Mit Wasser, Salz und den abgeschnittenen Petersilienstängeln aufkochen und zugedeckt bei kleiner Hitze etwa 15 Minuten garen. Lauwarm mit gehacktem Zwiebel und restlicher Petersilie pürieren. Zitronensaft, Meerrettich und Öl untermischen, mit Salz und Pfeffer würzen.

Tipp: Ein fein würziges Aroma erreicht man, wenn man geröstete Sonnenblumenkerne unter den Aufstrich mengt.

Kartoffel-Fisch-Creme

4 Portionen

200 g Kartoffeln
50 ml Milch
1 kleine Zwiebel
50 g Forellenkaviar
2 EL Zitronensaft
1 EL Olivenöl
Salz, Pfeffer

Die geschälten Kartoffeln mit reichlich Salzwasser etwa 20 Minuten kochen lassen. Wasser abgießen, Milch zugeben und mit dem Handmixer zu einer cremigen Masse rühren. Fein gehackte Zwiebel und pürierten Forellenkaviar einrühren und mit Zitronensaft, Salz, Pfeffer und Öl abschmecken. Gut eine Stunde im Kühlschrank durchziehen lassen.

Tipp: Dieser Aufstrich kann auch warm als Beilage zu Fischgerichten serviert werden.

Paprika-Chili-Gelee

für 4 Gläser à 350 g

ca. 1,5 kg Paprikaschoten, rot
2 TL Chilipulver
250 ml Weißweinessig
250 g Gelierzucker 3 : 1
20 g Gelierfix 2 : 1
Salz

Paprika waschen, vierteln und entkernen. In einem Entsafter auspressen und den Saft durch ein sehr feines Sieb oder Passiertuch gießen. 1 l Saft abmessen, wenn nötig, noch etwas Wasser nachgießen. Weinessig, Gelierzucker, Chilipulver und Gelierfix unter den Paprikasaft rühren. Unter ständigem Rühren 4 Minuten aufkochen lassen. Nach Geschmack salzen und noch heiß in Gläser abfüllen. Sofort verschließen.

Tipp: Eignet sich als Brotaufstrich unter Beef tartare oder mit frischen Paprika, Tomaten und Zucchini vermischt als vegetarischer Brotaufstrich.

Oliven-Fisch-Paste

für 4 Portionen

3 Zehen Knoblauch
6 Stück Sardellen
3 EL Kapern
300 g schwarze entsteinte Oliven
1/2 TL Thymian, gehackt
50 g Tunfisch im Natursaft
2 EL Petersilie, gehackt
6 EL Olivenöl
1 Prise Pfeffer
1 EL Cognac

Knoblauch schälen und gemeinsam mit den abgespülten Sardellen hacken. Knoblauch-Sardellen-Mischung mit Kapern, Oliven, Thymian, Tunfisch und Petersilie pürieren und mit Olivenöl verrühren. Mit Pfeffer und Cognac abschmecken.

Tipp: Aufstrich auf frischem Baguette verteilen, mit Parmesan bestreuen und 10 Minuten im auf 200 °C vorgeheizten Backrohr überbacken.

Creme de Cassis

4 Portionen

8 Stück Schalotten
100 ml Creme de Cassis
100 g Halbfettmargarine
100 g Topfen
***(Quark)*, mager**
2 EL Balsamicoessig
Salz, Pfeffer

Schalotten schälen und fein würfeln. Creme de Cassis mit Essig erhitzen, Schalotten hinzufügen und so lange darin dünsten, bis die Flüssigkeit fast eingekocht ist. Halbfettmargarine 5 Minuten schaumigschlagen und Topfen beimengen. Ausgekühlte Schalottenmasse unter die Margarine rühren. Mit Salz und Pfeffer würzen.

Tipp: Eignet sich optimal als Fülle für Schinkenrollen.

Bruschetta mit Tomaten

4 Portionen

4 Stück Ciabatta oder Baguette
2 Stück vollreife Fleischtomaten
1 Frühlingszwiebel
2 Sardellen
6 EL kaltgepresstes Olivenöl
1 Knoblauchzehe
1 TL frischer Oregano
2 EL frisches Basilikum
Salz, Pfeffer

Tomaten mit kochendem Wasser überbrühen, kalt abschrecken, häuten, entkernen und von den Stängelansätzen befreien. Das Fruchtfleisch fein hacken. Sardellenfilets trockentupfen und klein schneiden. Knoblauch schälen und fein würfeln. Die Zwiebel schälen, waschen und in hauchdünne Ringe schneiden. Oregano und Basilikum waschen, abtrocknen und hacken. Alle vorbereiteten Zutaten mischen, salzen und pfeffern und das Öl hinzufügen. Die Brotscheiben (Ciabatta vorher halbieren) goldgelb rösten und die Tomatenmischung darauf verteilen. Sofort servieren.

Auberginen-Sesam-Creme

4 Portionen

2 Auberginen
4 EL Sesampaste
1/2 TL Kreuzkümmel
3 Knoblauchzehen
2 EL Olivenöl, extra virgine
3 EL Zitronensaft
1 EL frische Petersilie, gehackt
1 1/2 TL Salz

Backrohr auf Grillstufe vorheizen. Knoblauch schälen und fein hacken. Auberginen, waschen, in Scheiben schneiden und mit der Gabel Löcher stechen. Auf ein mit Backpapier belegtes Backblech legen, in den vorgeheizten Ofen schieben und 15 Minuten grillen, zwischendurch wenden. Auskühlen lassen. Auberginen häuten, mit Sesampaste, Knoblauch, Zitronensaft, Kreuzkümmel und Salz pürieren. Gehackte Petersilie beimengen.

Tipp: Besonders gut schmeckt diese Creme, wenn man sie auf dünn geschnittene Roastbeefscheiben streicht, einrollt und auf einem mit Parmesan, Balsamicoessig und Olivenöl marinierten Rucola-Salat serviert.

Würziger Apfel-Zwiebel-Aufstrich

4 Portionen

80 g Halbfettmargarine
100 g Äpfel, geschält und gewürfelt
150 g gewürfelte Zwiebel
40 g Sonnenblumenkerne
Kräutersalz
1 TL Zitronensaft
1 Zehe Knoblauch

Halbfettmargarine schmelzen und Sonnenblumenkerne darin rösten. Alle anderen Zutaten beigeben und 5 Minuten dünsten. Pürieren und mit Salz, Zitronensaft und Knoblauch abschmecken.

Tipp: Nicht länger als 2 Tage im Kühlschrank aufbewahren, da sonst der Zwiebelgeschmack zu intensiv wird.

Kapern-Gurken-Aufstrich mit Paprika

4 Portionen

250 g Topfen
***(Quark)*, mager**
50 g Halbfettmargarine
50 g Magerjogurt
1 EL Tomatenmark
1 EL scharfer Paprika
1 Stück Essiggurkerl
1 kleine Zwiebel
1 EL Kapern
1/2 roter Paprika
1 Knoblauchzehe
2 EL Schnittlauch
Kümmel, Senf
Salz, Pfeffer

Essiggurke fein hacken. Die Zwiebel schälen und ebenfalls fein hacken. Den Paprika waschen, die Kerne und den Strunk entfernen und in ganz kleine Würfel schneiden. Knoblauch schälen und durch die Knoblauchpresse drücken.

Margarine 10 Minuten schaumigrühren. Topfen und Jogurt einrühren, alle anderen Zutaten unterrühren. Mit Kümmel, Senf, Salz und Pfeffer würzen, mit Schnittlauch garnieren.

Tipp: Eignet sich ideal zum Bestreichen von verschiedenen gegrillten Gemüsesorten.

Falscher Lachsaufstrich

4 Portionen

100 ml Schlagobers
(Schlagsahne)
4 TL Milch
250 g Topfen
***(Quark)*, mager**
2 Gläser Lachsersatz
à 80 g
Salz

Topfen, Milch, Salz und Lachsersatz mit dem Mixer in einer Schüssel vermengen. Schlagobers steifschlagen und unterheben.

Tipp: Sofort mit Weißbrot servieren!

Sardellenbutter mit Kräutern

4 Portionen

2–3 EL Sardellenringe
(oder Sardellenpaste aus der Tube)
200 g Topfen (*Quark*), mager
50 g Halbfettmargarine
1 EL Zitronensaft
1 TL Pfeffer
1/2 TL Petersilie
1/2 TL Schnittlauch

Sardellen zerdrücken und mit Zitronensaft, Pfeffer und Halbfettmargarine gut verrühren. Topfen einrühren. Mit Petersilie und Schnittlauch würzen.

Tipp: 2 Eier hartkochen, fein würfeln und unter die Sardellenbutter mengen. Den Aufstrich auf Käsekräcker streichen und mit Olivenstücken und Paprikawürfeln garnieren.

Anchovis-Bruschetta

4 Portionen

2 kleine Dosen Anchovisfilets (ca. 70 g)
2 mittlere Knoblauchzehen
1 TL Tomatenmark
1 EL Olivenöl
2 TL Rotweinessig
Pfeffer
10 Scheiben Brot
1 TL Petersilie

Knoblauchzehen fein hacken. Alles Öl von den Anchovis abgießen und zusammen mit Knoblauch und Tomatenmark in einen großer Mörser geben. Mit dem Stößel so lange reiben, bis die Mischung zu einem sehr feinen Brei geworden ist. Dann tröpfelt man das Öl unter ständigem Rühren dazu, bis die Mischung dick und glatt wie Mayonnaise wird. Mit Zitronensaft und Pfeffer würzen. Backrohr auf 200 °C vorheizen. Unter dem Grill das Brot leicht auf einer Seite bräunen. So lange das Brot noch warm ist, die nicht getoastete Seite mit der Anchovis-Mischung bestreichen und fest in das Brot drücken. Das Brot nun auf ein Backblech legen und 10 Minuten im Ofen erhitzen. Dann werden die Brote mit Petersilie bestreut und sofort serviert.

Tipp: Damit die Anchovis-Creme nicht zu salzig wird, kann man die Anchovis nach dem Abgießen wässern und trockentupfen.

Entenaufstrich

4 Portionen

1 Ente, küchenfertig
2 Zwiebeln
2 Knoblauchzehen
1 Msp. Muskat
1 Msp. Kardamom
1 Msp. Nelke
1 Msp. Piment
1 TL Thymianblättchen
1/2 l Rotwein
abgeriebene Schale einer halben Zitrone
1 TL Pfeffer
Salz
2 EL Olivenöl

Entenbeine abtrennen und in kleine Würfel schneiden. Zwiebeln und Knoblauch feinwürfelig schneiden.
Alles in einer Pfanne mit etwas Olivenöl anrösten, mit Rotwein ablöschen und mit den Gewürzen (außer Salz) und Kräutern abschmecken. 20 Minuten weichkochen, dann mit Salz abschmecken. Alles in Einmachgläser füllen. Mit einer langen Gabel immer wieder in die Masse stochern, damit das Fett an die Oberfläche treten kann. Das ausgelassene Fett wird darübergegossen, so dass es das Fleisch völlig bedeckt. Gläser luftdicht verschließen. Vor Verzehr 1 Monat im Kühlschrank lagern.

Tipp: Sollte die Fettausbeute zu wenig sein, mit siedend heißem Schweineschmalz strecken.

Tomatentopfen

4 Portionen

200 g Kräuterfrischkäse
1 Tomate
100 g Topfen *(Quark)*, mager
3 EL Schlagobers *(Schlagsahne)*
2 EL Petersilie
Kräutersalz, Pfeffer
4 EL Tomatenmark
1 Msp. Zucker

Tomate halbieren, Fruchtfleisch entfernen und in sehr kleine Stückchen schneiden. Mit dem Kräuterfrischkäse vermengen. Topfen und Schlagobers hinzufügen und zu einer geschmeidigen Masse verrühren. Fein gehackte Petersilie, Tomatenmark und Gewürze beimengen und abschmecken.

Ajvar-Topfen-Aufstrich

4 Portionen

1 Bund Schnittlauch
250 g Topfen *(Quark)*, mager
2 EL Sauerrahm *(saure Sahne)*
1 1/2 EL Ajvar
Salz
Zucker

Topfen und Sauerrahm miteinander verrühren, Schnittlauch und Ajvar unterrühren. Mit Salz und Zucker abschmecken.

Tipp: Dieser Aufstrich schmeckt auch gut mit einer roten Paprikaschote und etwas Paprikapulver (scharf) anstatt Ajvar.

Tunfischmousse in schwarzer Olivensoße

4 Portionen

200 g Tunfisch, im eigenen Saft
2 EL Olivenöl
100 ml Fischfond
50 ml Weißwein, trocken
1 TL Halbfettmargarine
100 ml Schlagobers *(Schlagsahne)*
Salz, Pfeffer
Cayennepfeffer
1 TL Zitronensaft
1 TL Worcestershiresoße
1/2 Blatt Gelatine, weiß
2 EL Schlagobers, geschlagen
2 EL Oliven, schwarz, entsteint
4 EL Olivenöl

Fischfond und Weißwein im Topf aufkochen und sehr kräftig reduzieren. Schlagobers zugeben und weiterkochen lassen. Eiskalte Margarine zur Bindung kräftig einrühren. Die Gelatine kalt einweißen, gut ausdrücken und zum Fond geben. Mit dem Pürierstab den Tunfisch mit dem Saft sehr fein pürieren. Mit Salz, Pfeffer, Zitronensaft, Cayennepfeffer und Worcestershiresoße abschmecken und das geschlagene Schlagobers unterheben. Für 1 Stunde in den Kühlschrank stellen. Das fertige Tunfischmousse zum Servieren mit feingehackten, mit Olivenöl vermischten Oliven garnieren.

Tipp: Schmeckt hervorragend auf knusprigem Baguette oder Schwarzbrotchips. Dafür die Brotscheiben vierteln und im Backrohr bei 200 °C ca. 12 Minuten knusprig braun backen.

Foto Seite 124/125

Geflügelleberterrine

8 Portionen

50 g Halbfettmargarine
1 Zwiebel, fein gewürfelt
200 g Hühnerbrust, fein gewürfelt
200 g Hühnerleber, fein gewürfelt
3 Knoblauchzehen, gepresst
1/2 TL Majoran
1/2 TL Pfefferkörner, im Mörser grob zermahlen
Salz
3 EL Schlagobers *(Schlagsahne)*
1 Gläschen Sherry
3 Lorbeerblätter
40 g Butterschmalz *(Butterfett)*

In einer Pfanne mit heißer Margarine Zwiebel anschwitzen. Hühnerbrust und Hühnerleber zufügen und unter stetem Rühren ca. 4 bis 5 Minuten braten.
Gewürze, Schlagobers und Sherry zufügen und mit Pürierstab fein pürieren. Aufstrichmasse in eine Terrinenform (oder Förmchen) füllen. Mit 3 Lorbeerblättern und ein paar Pfefferkörnern belegen.

In einer Pfanne Butterschmalz schmelzen und über die Aufstrichmasse gießen. Terrine mit Folie bedecken und im Kühlschrank aushärten lassen.

Tipp: Auf getoasteten Weißbrotscheiben mit Preiselbeeren servieren.

Tomaten-Ziegenkäse-Aufstrich

4 Portionen

200 g Ziegenmilch-Frischkäse
2 Tomaten, voll reif
1 EL Crème fraîche
1 TL Basilikum
1 EL Olivenöl

Tomaten 30 Sekunden im heißen Wasser sieden, kalt abschrecken und häuten. Anschließend grob würfeln. Basilikum fein hacken und mit den Tomatenwürfeln im Olivenöl 7 bis 10 Minuten einkochen.
Ziegenmilch-Frischkäse mit Tomatensoße und Crème fraîche vermengen und zu einer feinen Creme schlagen.

Tipp: Schmeckt hervorragend auf Krustenbrot.

Italienische Oliven-Kapern-Paste

4 Portionen

250 g Oliven, schwarz, entsteint
100 g Kapern
5 g Sardellen, in Öl
4 Knoblauchzehen
3 EL Olivenöl
5 Basilikumblätter
Salz, Pfeffer

Die Sardellen, falls erforderlich, entgräten und mit den restlichen Zutaten im Mixer zu einer glatten Paste pürieren. Mit Salz und Pfeffer abschmecken.

Mit Kräuterbrotscheiben servieren.

Kräuterbrot

500 g Mehl
30 g Hefe
1 TL Zucker
1/4 l Milch, lauwarm
1 Bund Dill
1 Bund Petersilie
1 Bund Schnittlauch
2 Eier
1 TL Salz
1/2 TL Pfeffer
etwas Milch

Hefe zerbröseln und in die lauwarme Milch rühren. Zucker dazugeben. Mehl in eine Schüssel sieben, in die Mitte eine Mulde drücken und die Hefemischung dazugießen. Vom Rand aus zu einem Teig verkneten.

Die Kräuter waschen, gut abtropfen lassen und fein hacken. Mit der Butter, den Eiern, Salz und Pfeffer verquirlen und zum Teig geben. Gut miteinander verkneten und anschließend zugedeckt 30 Minuten gehen lassen.

Eine Kastenform einfetten, den Teig einfüllen und noch einmal 30 Minuten gehen lassen. Mit Milch bestreichen und auf der unteren Schiene im vorgeheizten Backrohr bei 200 °C 35 Minuten backen.

Sardellentopfen
mit Zwiebel

Eier hart kochen, auskühlen lassen und einen Teil zur Dekoration in Scheiben schneiden. Restliche Eier fein hacken. Sardellen und Zwiebel ebenfalls fein hacken. Topfen, Sauerrahm und Halbfettmargarine verrühren. Alle Zutaten gut miteinander vermischen.

Tipp: Am besten schmeckt der Aufstrich auf Baguette oder Weißbrot.

4 Portionen

3 Eier
250 g Topfen *(Quark)*, mager
1 EL Sauerrahm *(saure Sahne)*
50 g Halbfettmargarine, zimmerwarm
50 g Zwiebel
2 Sardellenfilets
1 TL Senf, scharf
1 TL Paprikapulver
Salz, Pfeffer

Räuchertofu-Aufstrich
mit roten Bohnen

Schnittlauch in kleine Röllchen schneiden. Bohnen abtropfen. Bohnen, Tofu und Knoblauchzehen mit dem Pürierstab zerkleinern. Ajvar und Sojasoße unterrühren. Mit Salz und Pfeffer abschmecken, den gehackten Schnittlauch unterrühren. Im Kühlschrank für 2 Stunden kaltstellen.

4 Portionen

200 g Räuchertofu
1 kleine Dose Bohnen, rot
2 EL Ajvar
2 EL Sojasoße
2 Knoblauchzehen
1 Bund Schnittlauch
Salz, Pfeffer

Kürbiskernaufstrich mit Schnittlauch

4 Portionen

100 g Halbfettmargarine
100 g Frischkäse
1 Prise Salz
80 g Kürbiskerne
1 Zehe Knoblauch
2 EL Kürbiskernöl
Salz, Pfeffer
1 EL Balsamicoessig, weiß
2 EL Schnittlauch, geschnitten

Frischkäse, Margarine und Salz mit dem Mixer schaumigrühren.

Kürbiskerne in einer Pfanne ohne Fett rösten, salzen und fein mahlen.

Knoblauch fein hacken und mit den gemahlenen Kürbiskernen sowie dem Kürbiskernöl zu der Margarine geben und gut verrühren. Mit Salz, Pfeffer und Balsamicoessig abschmecken.

Zum Abschluss den Schnittlauch unterrühren.

Tipp: Hält sich im Kühlschrank mindestens 1 Woche.

Käsecreme mit Sambal Oelek

4 Portionen

250 g Frischkäse, mager
2 EL Jogurt, mager
1 TL Tomatenmark
1/2 TL Sambal Oelek
1 rote Chilischote
2 Knoblauchzehen
Salz
Sojasoße

Frischkäse mit Jogurt, Tomatenmark und Sambal Oelek cremigrühren.

Chilischote längs aufschneiden – Kerne entfernen – und in feine Streifen schneiden. Knoblauch pressen und mit den Chilistreifen unter die Creme rühren.

Mit Salz und Sojasoße abschmecken.

Tipp: Schmeckt ausgezeichnet zu frisch gebackenem Baguette.

Gänseblümchenkäse

4 Portionen

100 Gänseblümchen, davon die abgezupften Blütenblätter
150 g Mascarpone
50 g Sauerrahm *(saure Sahne)*
Schale einer halben unbehandelten Zitrone
Saft einer halben Zitrone
1/2 TL Honig
Salz
Schale einer viertel Orange

Alle Zutaten in eine Schüssel geben und gut miteinander verrühren.

Tipp: Wenn man es gern asiatisch hat, kann man auch etwas frisch gehackten Koriander und Ingwer dazugeben.

Gurkentopfen mit Kren

4 Portionen

1 Salatgurke
1 Knoblauchzehe
200 g Magertopfen *(Magerquark)*
2 EL Sauerrahm *(saure Sahne)*
1 EL Kren *(Meerrettich)*
Salz, Pfeffer
Dill, frisch

Salatgurke schneiden und pürieren. Knoblauch klein hacken und dazugeben. Mit den restlichen Zutaten mischen und mit Salz, Pfeffer und Dill würzen.

Tipp: Gurkentopfen eignet sich auch als Dip für Gemüse.

Würziger Fischaufstrich

4 Portionen

100 g Salzheringe *(Matjes)*
1 mittelgroße geräucherte Makrele
1 Zwiebel
1 Scheibe Weißbrot
50 ml Milch
3 Eier
50 g Halbfettmargarine
1 Apfel, sauer
1 EL Dill
1 EL Petersilie
1 EL Schnittlauch

Eier hartkochen, abschrecken, schälen und hacken. Makrele von Flossen, Haut und Gräten befreien. Weißbrot mit Milch übergießen und für 2 bis 3 Minuten ziehen lassen, dann herausnehmen und auspressen. Apfel und Zwiebel schälen und vierteln.

Alle Zutaten – außer Eiern und Kräutern – im Mixer pürieren. Die gehackten Eier unterrühren. Kräuter hacken und daraufstreuen.

Tipp: Dieser Aufstrich darf bei keinem Heringsschmaus fehlen. Auf getoastetem Weißbrot servieren.

Gemischter Wurstaufstrich

4 Portionen

150 g Salami
150 g Schinken, gekocht
150 g Wurst *(Lyoner)*
1 Zwiebel
2 Knoblauchzehen
1/2 l Schlagobers *(Schlagsahne)*
300 g Schmelzkäse mit Kräutern
300 g Schmelzkäse, z. B. mit Sahne, Salami, Paprika oder Schinken

Wurst, Zwiebel und Knoblauchzehen klein würfeln und in einer Pfanne anrösten. Mit Schlagobers ablöschen. Den Streichkäse zerkleinern, dazugeben und verrühren, bis der Käse mit dem Rest verschmolzen und eine cremige Masse entstanden ist. Die Creme in eine runde Schüssel füllen und einen Deckel lose darauflegen, bis die Masse abgekühlt ist. Erst dann verschließen.

Tipp: Am besten am Vortag zubereiten, dann hat die Masse genügend Zeit auszukühlen.

Knoblauch-Aufstrich

4 Portionen

200 g Magertopfen
(Magerquark)
4 Knoblauchzehen
1 Bund Schnittlauch
Salz, Pfeffer

Schnittlauch in feine Röllchen schneiden. Knoblauchzehen fein zerdrücken. Alle Zutaten gut miteinander verrühren und kühlstellen.

Tipp: Aus diesem Aufstrich kann man ganz leicht eine Knoblauch-Grillsoße oder eine Salatsoße machen. Dazu verrührt man den Aufstrich zusätzlich mit 200 g Sauerrahm (saure Sahne) und 4 EL Schlagobers (Schlagsahne).

Liptauer

4 Portionen

200 g Magertopfen
(Magerquark)
1 Jungzwiebel
1 TL Kapern
1 Essiggurke
Salz
1 TL Paprikapulver
1 TL scharfer Senf

Jungzwiebel fein hacken. Essiggurke kleinwürfelig schneiden. Kapern fein hacken. Alle Zutaten gut miteinander verrühren. Mit Salz, Paprikapulver und Senf würzen.

Tomaten-Karotten-Aufstrich

4 Portionen

200 g Tomatenmark
1 Karotte, mittelgroß
1 Zwiebel, mittelgroß
100 g Halbfettmargarine
100 g Crème fraîche
Kräutersalz
1 EL Kräuter der Provence

Karotte waschen, schälen und fein reiben. Zwiebel schälen und fein hacken. Karotte, Zwiebel und Tomatenmark vermischen. Die Margarine mit Crème fraîche glatt verrühren. Die Karotten-Zwiebel-Mischung dazugeben und mit Salz und Kräutern würzen. Die Zutaten sollten Zimmertemperatur haben, damit sich alle Zutaten gut miteinander verbinden.

Tipp: Wer es gerne scharf hat, kann auch eine klein geschnittene Chilischote unterrühren.

Apfel-Schmalz mit Zwiebeln

4 Portionen

100 g Karreespeck
6 EL Wasser
2 EL Milch
1/2 Zwiebel
1/2 Apfel
Salz
Pfeffer, weiß

Speck kleinwürfelig schneiden. Zwiebel fein hacken. Apfel schälen und klein schneiden. Wasser mit Milch vermischen. Den Speck mit dem Wasser-Milch-Gemisch langsam in einer Pfanne auslassen, öfter umrühren. Wenn die Grammeln (Grieben) Farbe annehmen, diese durch ein Sieb abgießen und zur Seite stellen. Ebenso das Fett. Vom heißen Fett einen Schöpfer (Kelle) voll in eine Extrapfanne geben und darin die Zwiebel bräunen, danach den Apfel dazurühren und anschmelzen lassen. Grammeln, Zwiebel und Apfel zusammen ins abgekühlte Fett rühren, etwas salzen und in Gläser füllen.

Tipp: Wenn das Fett zu heiß oder flüssig ist, setzt sich alles ab und man muss öfter umrühren, wenn man es jedoch gleich ins lauwarme, aber nicht flüssige Fett rührt, erübrigt sich das.

Topfenaufstrich

4 Portionen

200 g Magertopfen *(Magerquark)*
2 EL frisch geriebenen Kren
1 TL Zitronensaft
1 Karotte
Salz, Pfeffer

Die Karotte fein raspeln und mit den restlichen Zutaten gut vermengen und kühlstellen.

Schinken- und Käserollen

8 Blatt Schinken (etwas stärker geschnitten)
8 Blatt Käse (etwas stärker geschnitten, kein Hartkäse)

Jeweils 1 Blatt Schinken und Käse zusammenlegen.
Mit dem Aufstrich bestreichen und zusammenrollen.
Auf gemischten Salaten servieren.

Oliven-Basilikum-Topfen mit Walnüssen

4 Portionen

250 g Topfen *(Quark)*, mager
1/2 TL Salz
Tabasco
20 gefüllte, gehackte Oliven
6 ganze Walnusskerne
2 EL Basilikum

Zuerst Salz und Tabasco unter den Topfen rühren, dann die restlichen Zutaten untermengen. Basilikum fein hacken und damit den Aufstrich bestreuen.

Tipp: Eignet sich zum Füllen von Tomaten und Gurken. Zum Abschluss mit zerpflücktem Tunfisch (naturale) garnieren.

Fruchtiger Sellerie-Topfen-Aufstrich

4 Portionen

250 g Topfen *(Quark)*
1/2 Becher Jogurt
125 g Sellerie
1 Apfel
1/2 TL Salz
1/2 TL Zucker
Saft einer halben Zitrone

Topfen und Jogurt schaumigrühren. Den Apfel und den Sellerie fein reiben und unter die Topfenmasse rühren. Mit den restlichen Zutaten würzen.

Tipp: Sofort genießen, weil sonst der Geschmack zu intensiv wird.

Auberginenpüree

4 Portionen

4 Auberginen, rund
5 grüne Peperoni
2 Paprikaschoten, rot
1 Knoblauchzehe
300 g Naturjogurt
Saft einer halben Zitrone
6 EL Olivenöl
Salz, Pfeffer

Auberginen rundum mit einer Gabel einstechen und mit Peperoni und Paprika auf Holzkohle grillen, bis die Auberginen ganz weich sind. Auf einem Brett auskühlen lassen. Anschließend die Auberginen, Paprika und Peperoni sorgfältig schälen. Peperoni und Paprika entkernen und sehr fein schneiden. Auberginen am Stiel abschneiden und in eine Schüssel geben. Knoblauch pressen, mit Aubergine, Jogurt, Zitronensaft, Salz, Pfeffer und Olivenöl mit dem Pürierstab pürieren, bis es cremig ist.

In eine Schale geben, glattstreichen, Peperoni und Paprika darüberstreuen und ca. 1 Stunde kühlstellen.

Tipp: Um die klebenden Schalen zu entfernen, Peperoni, Paprika und Auberginen kurz unter kaltes Wasser halten und mit Küchenpapier vorsichtig trockentupfen.

Jäger-Frischkäse

4 Portionen

200 g Frischkäse
100 g Crème fraîche
1 Paprikaschote, rot
3 Gewürzgurken
1 kleine Zwiebel
Kräutersalz
Pfeffer
Paprikapulver, edelsüß
1 Knoblauchzehe

Frischkäse und Crème fraîche in einer Schüssel gut miteinander verrühren. Paprikaschote, Gewürzgurken und Zwiebel in sehr kleine Würfel schneiden und unter die Frischkäsemasse rühren.

Den Aufstrich mit Salz, Pfeffer und Paprikapulver abschmecken. Knoblauch pressen und unterrühren.

Tipp: Passt auch sehr gut zu Käse und Fleisch.

Selbst gemachter Frischkäse

4 Portionen

500 g Topfen
***(Quark)*, mager**
250 g Sauerrahm
(saure Sahne)
250 g Schlagobers
(Schlagsahne)

Topfen, Schlagobers und Sauerrahm verrühren, in ein feines Sieb füllen und eine Schüssel darunter stellen. Bei Zimmertemperatur 24 Stunden ruhen lassen. Die Molke tropft ab und es entsteht ein schöner fester Frischkäse.

Dazu drei Varianten (jeweils 1/3 des Frischkäses verwenden):

Lachs-Frischkäse

2 TL Lachsstückchen
1/2 Bund Dill
Pfeffer, frisch gemahlen
1 Spr. Zitronensaft

Dill fein hacken und mit den Lachsstücken unter den Frischkäse rühren. Mit Pfeffer und Zitronensaft würzen.

Radieschen-Frischkäse

4 große Radieschen
1/2 Bund Schnittlauch
Pfeffer, frisch gemahlen

Radieschen fein reiben, Schnittlauch in kleine Röllchen schneiden. Mit dem Frischkäse verrühren und mit Pfeffer würzen.

Gewürz-Frischkäse

Gewürzmischung
(Basilikum, Schnittlauch, Majoran, Petersilie, Estragon)

Gewürzmischung unter den Frischkäse rühren und ca. 1 Stunde ziehen lassen.

Spinat-Käse-Aufstrich

4 Portionen

100 g Blattspinat, tiefgekühlt
1 Knoblauchzehe
125 g Ziegenfrischkäse, zimmerwarm
50 ml Feta, zimmerwarm
1 TL Minze, frisch
1 TL Schale einer unbehandelten Zitrone
Salz
Pfeffer, frisch gemahlen

Den Spinat auftauen und gut abtropfen lassen, zusätzlich mit Küchenpapier trockentupfen.

Spinat, Ziegenfrischkäse und Feta in eine Schüssel geben und mit dem Pürierstab zu einer Creme verarbeiten.

Knoblauch, Minze und Zitronenschale dazugeben und unter die Creme rühren. Mit Salz und Pfeffer würzen.

Tipp: Dieser Aufstrich soll mindestens 8 Stunden vor dem Verzehr zubereitet werden. Im Kühlschrank aufbewahren, aber 1 Stunde vor dem Verzehr auf Zimmertemperatur bringen.

Forellenmousse

4 Portionen

200 g Forellenfilets, geräuchert
200 g Mascarpone
6 TL Zitronensaft
6 EL Kapern
Salz, Pfeffer
2 EL Petersilie

Forellenfilets in Stücke schneiden und in eine Schüssel geben. Petersilie waschen, Blätter abzupfen und dazugeben. Zusammen mit Mascarpone, Zitronensaft und Kapern mit dem Pürierstab zu einer feinen Creme verrühren.

Mit Salz und Pfeffer würzen.

Tipp: Dazu passen sehr gut Schwarzbrotchips. Schwarzbrot in sehr dünne Scheiben schneiden und im vorgeheizten Backrohr bei 200 °C ca. 15 Minuten knusprig backen.

Paprika-Fisch-Aufstrich mit Dill

4 Portionen

250 g Kabeljaufilet
1/4 l Fischsuppe
1 Bund Dill
1 EL Zitronensaft
2 El Crème fraîche
1 Prise Cayennepfeffer
Salz, Pfeffer
1/2 TL Paprikapulver, edelsüß

Die Kabeljaufilets kalt abspülen und von Gräten befreien. Den Fischsud in einem kleinen Topf zum Kochen bringen. Kabeljau hineingeben und bei schwacher Hitze etwa 5 Minuten kochen, bis er bei Berührung blättrig zerfällt. Fischfilets herausnehmen und abtropfen lassen.

Dill waschen, trockenschwenken und von den groben Stielen befreien. Zwei Drittel des Dills fein hacken, die restlichen Sträußchen zum Garnieren beiseite legen.

Die Kabeljaufilets pürieren oder ganz fein hacken. In einer Schüssel mit Zitronensaft, Dill und Crème fraîche verrühren. Den Aufstrich mit Cayennepfeffer, Salz und Pfeffer pikant abschmecken.

Mit Paprikapulver bestäuben und mit den restlichen Dillsträußchen garnieren.

Tofu mit Roten Rüben

4 Portionen

150 g Rote Rüben, gekocht
150 g Tofu
1 TL Schnittlauch
80 g Apfel
2 EL Sauerrahm *(saure Sahne)*
2 EL Jogurt
Salz, Pfeffer

Rote Rüben und Tofu in kleine Würfel schneiden. Apfel schälen, entkernen und ebenfalls in kleine Würfel schneiden.

Die Würfel in eine Schüssel geben. Sauerrahm und Jogurt beifügen und gut verrühren. Mit Salz und Pfeffer würzen.

Abschließend mit Schnittlauch bestreuen.

Tipp: Gesund und optimal für Vegetarier.

Champignon-Topfen mit Schinken

4 Portionen

1 Dose Champignons
1/2 Zwiebel
1 Bund Petersilie
1 TL Zitronensaft
1 EL Öl
1 Scheibe Schinken, gekocht, 1 cm dick
200 g Topfen *(Quark)*, mager
Salz, Pfeffer

Champignons abtropfen und die Flüssigkeit auffangen. Zwiebel fein würfelig schneiden. Petersilie fein hacken. Champignons zusammen mit der Zwiebel ca. 5 Minuten in einer erhitzten Pfanne andünsten. Topfen mit der Champignonflüssigkeit verrühren. Zitronensaft, Schinkenwürfel und Champignons dazugeben. Mit Salz und Pfeffer abschmecken. Zuletzt mit Petersilie bestreuen.

Tipp: Diesen Aufstrich kann man auch mit Eierschwammerln machen. Die Eierschwammerl gut putzen, klein schneiden und in einer Pfanne so lange rösten, bis das Wasser verdunstet ist. Erkalten lassen und wie den Champignon-Topfen fertig stellen.

Höllenaufstrich

4 Portionen

100 g Magertopfen *(Magerquark)*
100 g Frischkäse, mager
50 g Hüttenkäse
2 Zehen Knoblauch
1 TL Peperoncini, getrocknet und gehackt
Kräutersalz

Topfen, Frischkäse und Hüttenkäse in eine Schüssel geben. Knoblauch pressen und dazugeben.
Mit Peperoncini und Kräutersalz würzen.
Mit dem Stabmixer so lange verrühren, bis eine lockere Creme entsteht.

Tipp: Die Schärfe kann mit Peperoncini noch variiert werden.

Vegetarische Leberwurst

4 Portionen

2 Zwiebeln
100 g Butter
40 g frische Hefe
1 Knoblauchzehe
250 ml Gemüsesuppe
50 g Vollkornweizenmehl
1/2 TL Majoran, frisch
1/2 TL Thymian, frisch
1 Prise Piment
Kräutersalz
1 Schuss Essig
50 g Butter

Die Zwiebeln klein schneiden und in Butter andünsten. Die Hefe zerbröckeln und dazugeben, auflösen und durchschwitzen.

Die Knoblauchzehe fein zerdrücken, zu der Butter geben und mit Brühe aufgießen. Das Vollkornmehl einrühren, aufkochen lassen und 3 Minuten weiterkochen.

Majoran und Thymian waschen, trockentupfen und fein hacken. Die Masse mit den Kräutern und Salz würzen.

Wenn die Masse gerade noch lauwarm ist, den Essig und die Butter unterrühren.

Tipp: Auf Weißbrot streichen, mit Petersilie bestreuen und mit Preiselbeeren garnieren.

Feta-Oliven-Aufstrich

4 Portionen

200 g Feta
50 g Frischkäse mit Kräutern
50 g Frischkäse natur
25 g Sauerrahm *(saure Sahne)*
8 Oliven, schwarz
1 Zehe Knoblauch
Kräutersalz, Pfeffer

Oliven entkernen und ganz klein schneiden. Knoblauch ebenfalls in sehr kleine Würfel schneiden.

Feta, Frischkäse und Sauerrahm mit dem Pürierstab verrühren. Die Oliven und den Knoblauch unterrühren und mit Salz und Pfeffer würzen.

Tipp: Man kann im Sommer statt des Kräuterfrischkäses nur Frischkäse natur und frische Kräuter verwenden.

Blauschimmelkäse-Dip

Den Blauschimmelkäse zerbröseln und in eine Schüssel geben. Den gepressten Knoblauch dazugeben. Die Zwiebel ganz fein hacken und ebenfalls dazugeben.

Olivenöl, Essig, Zitronensaft und Petersilie in die Schüssel geben und alle Zutaten gut miteinander verrühren.

Abschließend mit Pfeffer würzen.

Tipp: Dieser Dip eignet sich für frisches Baguette, Cracker und auch rohes Gemüse.

4 Portionen

200 g Blauschimmelkäse
2 Zehen Knoblauch
100 ml Olivenöl
20 ml Rotweinessig
15 ml Zitronensaft
1/2 Zwiebel, rot
1 TL Petersilie
Pfeffer, schwarz, frisch gerieben

Hühnerleberaufstrich

Die Schalotten schälen und fein hacken. Die Butter schmelzen und die Schalotten darin anschwitzen. Die Hühnerleber dazugeben und von allen Seiten anbraten. Mit Weißwein aufgießen.

Die Petersilienblätter waschen, trockentupfen und unter die Hühnerleber rühren. 15 Minuten köcheln lassen. Anschließend in eine Schüssel geben.

Die Sardellenfilets dazugeben und mit dem Pürierstab fein pürieren, bis eine cremige Masse entstanden ist.

Tipp: Auf gerösteten Weißbrotscheiben schmeckt dieser Aufstrich besonders gut. Er hält sich ohne Weiteres einen Tag im Kühlschrank und kann daher gut vorbereitet werden.

4 Portionen

250 g Hühnerleber
2 Sardellenfilets
2 EL Petersilie
125 ml Weißwein
2 Schalotten
50 g Butter

Gurken-Ricotta-Aufstrich

4 Portionen

3 Blatt Gelatine
1/2 Salatgurke
1 Knoblauchzehe
150 g Ricotta
50 g Oliven, gefüllt mit Paprika
Salz, Pfeffer
1 TL Kräuter, frisch

Gelatine in kaltem Wasser einweichen.

In der Zwischenzeit die Gurke schälen, entkernen und pürieren. Knoblauch schälen, durch eine Knoblauchpresse drücken und mit dem Ricotta unter das Gurkenpüree ziehen.

Oliven in dünne Scheiben schneiden und mit den Kräutern unter die Masse heben. Mit Salz und Pfeffer würzen. Gelatine ausdrücken, in wenig heißem Wasser auflösen und unter die Ricotta-Masse rühren.
Für 2 Stunden in den Kühlschrank stellen.

Tipp: Mit einem Esslöffel Nocken ausstechen und auf Tomaten- und Gurkenscheiben anrichten. Eventuell mit Pinienkernen oder Basilikum garnieren.

Weißwein-Apfel-Aufstrich mit Hühnerleber

4 Portionen

200 g Hühnerleber
1 EL Olivenöl
1 Sardellenfilet
1 Knoblauchzehe
1 Bund Petersilie
1 Apfel
1/2 l Weißwein
2 EL Zitronensaft
30 g Kapern
Salz, Pfeffer

Knoblauch schälen und fein hacken. Die Petersilienblätter von den Stängeln zupfen, waschen, trockentupfen und ebenfalls fein hacken. Apfel schälen und fein reiben. Sardellenfilet waschen, trockentupfen und zusammen mit den Kapern klein hacken.

Hühnerleber waschen, putzen und trockentupfen.
In einer Pfanne das Olivenöl erhitzen und darin die Leber und den Knoblauch 2 Minuten anbraten.
Mit Weißwein ablöschen und 5 Minuten dünsten lassen.
Den geriebenen Apfel dazugeben und noch einmal 3 Minuten dünsten. Anschließend Sardellenfilets, Kapern und Petersilie unterrühren und mit Salz und Pfeffer abschmecken.

Die Masse mit dem Pürierstab fein pürieren und auskühlen lassen.

Tipp: Dieser Aufstrich eignet sich für alle Weißbrotsorten.

Knoblauchschmalz

4 Portionen

200 g Räucherspeck
4 Knoblauchzehen
1 Bund Petersilie

Knoblauch schälen und fein hacken. Die Petersilienblätter von den Stängeln zupfen, waschen, trockentupfen und fein hacken.

Räucherspeck in Streifen schneiden und in einer Pfanne ohne Fett glasig braten. Die Speckstreifen herausheben, kurz abkühlen lassen und das Speckfett zur Seite stellen. Die Speckstreifen sehr fein hacken und mit Petersilie und Knoblauch verrühren. Das Speckfett unterrühren und die Masse abkühlen lassen.

Tipp: Dieser Aufstrich schmeckt besonders gut auf getoasteten Weißbrotscheiben.

Heilbutt-Oliven-Aufstrich

4 Portionen

100 g Heilbutt, geräuchert
4 TL Pinienkerne
10 Oliven, grün, ohne Stein
10 Blätter Basilikum
4 EL Frischkäse
Pfeffer, weiß, frisch gemahlen
Salz

Vom Heilbutt die Haut entfernen und das Fischfleisch mit der Gabel zerdrücken.

Basilikumblätter waschen und trockentupfen. Mit Pinienkernen und Oliven mit dem Pürierstab fein pürieren, anschließend mit dem Frischkäse und dem Heilbuttfleisch gründlich vermischen.

Mit Pfeffer und Salz abschmecken.

Tipp: Dazu passt am besten ein ofenfrisches Baguette. Als Garnierung nimmt man frisch gehackte Kräuter, Olivenscheiben und geröstete, grob gehackte Pinienkerne.

Schinken-Ei-Aufstrich

4 Portionen

150 g Schinken, gekocht
3 Eier
3 EL Sauerrahm *(saure Sahne)*
1 Bund Schnittlauch
Salz, Pfeffer

Die Eier hartkochen und anschließend kalt abschrecken. Schälen und fein hacken. Den Schinken feinwürfelig schneiden. Den Schnittlauch waschen, trocknen und in kleine Röllchen schneiden.

In einer Schüssel Schinkenwürfel, gehackte Eier, Schnittlauch und Sauerrahm gut verrühren. Mit Salz und Pfeffer würzen.

Tipp: Dieser Aufstrich schmeckt besonders gut auf Vollkornbrot.

Fleisch-Aufstrich

4 Portionen

200 g Fleischreste
2 Kartoffeln, festkochend
1 Semmel *(Brötchen)*
1 Zwiebel
70 g Käse
2 Eigelb
6 Kapern
1 TL Senf
1 Msp. Paprika, edelsüß
Salz, Pfeffer
Milch zum Einweichen

Die Kartoffeln mit der Schale weichkochen. Auskühlen, schälen und reiben. Die Zwiebel schälen und fein hacken. Kapern klein hacken.

Semmel in Würfel schneiden und in der Milch einweichen. Anschließend gut ausdrücken und passieren. Die Fleischreste in kleine Würfel schneiden.

Alle Zutaten in eine Schüssel geben und gut verrühren. Mit Salz, Pfeffer und Paprikapulver würzen.

Tipp: Für diesen Aufstrich kann man alle Fleischreste verwenden, es können auch verschiedene sein, z. B. Hühnchen oder Rind.

Beef-Tatar

4 Portionen

160 g Rinderfilet
1/2 TL Petersilie, fein gehackt
1 Eigelb
1 TL Senf, französischer scharfer
1/2 TL Paprikapulver, edelsüß
1/2 TL Kapern, gehackt
1/2 TL milder Rotweinessig
2 Spr. Worcestersoße
1/2 TL Schalotte, fein gehackt
2 Spr. Tabasco
Salz, Pfeffer
1 TL Gewürzgurke, fein gehackt
1 Sardellenfilet, fein gehackt

Das Rinderfilet wird mit dem Messer sehr fein gehackt.

Das Eigelb in eine Schüssel geben und dann erst die Schalotte, Petersilie, Kapern, Sardellen und Gewürzgurken dazugeben und gut vermengen. Zum Schluss kommt das gehackte Filet dazu. Alles gut verrühren.

Mit den restlichen Zutaten abschmecken und mit Toast servieren.

Tipp: Die Filetstücke sollten maximal die Größe des Nagels des kleinen Fingers haben. Wenn die Stücke jedoch zu klein geschnitten sind (wie Faschiertes/Hackfleisch), wird das Ganze zu einem Brei.

Schinken-Kren-Aufstrich

4 Portionen

150 g Schinken
2 Eier
2 TL Kren, frisch gerieben
50 g Frischrahmkäse
25 g Kräuter, fein gehackt *(Schnittlauch, Petersilie, Dill)*
3 Tropfen Tabasco
Salz, Pfeffer

Die Eier hartkochen und anschließend kalt abschrecken. Schälen und fein hacken. Schinken in kleine Würfel schneiden und mit dem Pürierstab fein pürieren.
In einer Schüssel Frischrahmkäse und Kräuter cremig rühren. Die Schinkenmasse, gehackte Eier und Kren unterrühren. Mit Tabasco, Pfeffer und Salz würzen.

Tipp: Dieser Aufstrich eignet sich gut dazu, nach Ostern Eier- und Schinkenreste zu verwerten.

Shrimps-Aufstrich

4 Portionen

150 g Shrimps aus der Dose
150 g Topfen *(Quark)*
1 EL Öl
1 Schalotte
1 Zehe Knoblauch
2 EL Kognak
2 EL Schlagobers *(Schlagsahne)*
1 Msp. Curry
etwas Zitronensaft
Salz, Pfeffer

Schalotte schälen und klein hacken. Knoblauch schälen und pressen. Shrimps gut abtropfen lassen.
Das Öl in einer Pfanne erhitzen und die Schalotte darin goldgelb anbraten. Knoblauch und Shrimps dazugeben und kurz anbraten. Mit Kognak und Schlagobers aufgießen und unter ständigem Rühren auf kleiner Flamme so lange kochen lassen, bis die Flüssigkeit eingekocht ist. Die Pfanne vom Herd nehmen und die Masse abkühlen lassen. Mit Zitronensaft, Curry, Salz und Pfeffer würzen. Den Topfen in eine Schüssel geben und glattrühren. Die Shrimps-Masse unterrühren und wenn nötig mit Curry abschmecken.

Tipp: Statt Shrimps kann man auch eingelegte Meeresfrüchte verwenden.

Rinderzungen-Aufstrich

4 Portionen

200 g Rinderzunge, geräuchert, gekocht und ohne Haut
2 Eier
2 EL Sauerrahm ***(saure Sahne)***
1 Essiggurke
1 TL Senf
1 Bund Schnittlauch
Salz

Die Eier hartkochen und anschließend kalt abschrecken. Schälen und fein hacken. Die Rinderzunge und die Essiggurken ebenfalls fein hacken.
Sauerrahm in eine Schüssel geben und mit dem Senf gut verrühren. Schnittlauch waschen, gut abtropfen lassen und in kleine Röllchen schneiden. Rinderzunge, Eier und Gurke in die Schüssel geben und alles gut miteinander verrühren. Mit Salz würzen. Bis auf einen Esslöffel den Schnittlauch ebenfalls unterrühren.

Tipp: Dazu reicht man geröstetes Toastbrot und Butter.

Schinken-Limetten-Aufstrich

200 g Topfen ***(Quark)***
50 g Schinken, gekocht
20 g Butter, zimmerwarm
20 g Schalotten
1 Eigelb
1 EL Nüsse, gemahlen
2 EL Crème fraîche
1/2 TL Limettensaft
1/2 TL Parmesan
1 Bund Schnittlauch
Salz, Pfeffer

Schalotten schälen und fein hacken. Schinken in kleine Würfel schneiden. Den Parmesan frisch reiben.
Topfen, Crème fraîche und Butter mit dem Mixer glattrühren. Schinken, Schalotten und Eigelb unter die Topfenmasse rühren. Die Nüsse und den Parmesan dazugeben und gut vermengen. Mit Limettensaft, Salz und Pfeffer würzen.
Schnittlauch waschen, gut abtropfen lassen und in kleine Röllchen schneiden. Vor dem Servieren den Aufstrich damit bestreuen.

Tipp: Tiefkühlblätterteig in kleine Ecken schneiden, goldbraun backen und dazu servieren.

Wurst-Paprika-Aufstrich

4 Portionen

300 g Fleischwurst
1/2 Paprika, grün
1/2 Paprika, rot
30 g Butter, zimmerwarm
2 eingelegte Tomaten
5 grüne Oliven, gefüllt mit Paprika
2 Knoblauchzehen
1/2 Zwiebel
3 Tropfen Tabasco
Salz, Pfeffer

Zwiebel und Knoblauch schälen und grob hacken. Paprika waschen, trocknen, Kerne und Strunk entfernen und anschließend grobwürfelig schneiden. Eingelegte Tomaten gut abtropfen lassen, trockentupfen und halbieren. Oliven ebenfalls halbieren. Die Fleischwurst enthäuten und großwürfelig schneiden.

Zwiebel, Knoblauch, Paprika, Oliven und Tomaten in eine Schüssel geben und mit dem Pürierstab sehr fein pürieren. Die Fleischwurstwürfel ebenfalls pürieren. In einer anderen Schüssel die Butter schaumigrühren und mit Tabasco, Pfeffer und Salz würzen. Die Paprikamasse und die pürierte Fleischwurst unterrühren und gut miteinander vermengen.

Noch einmal mit Salz und Pfeffer abschmecken.

Tipp: Statt der Fleischwurst kann man auch fein geriebenen Käse (Käsereste) verwenden.

Schinken-Mousse
mit Gorgonzola

4 Portionen

150 g Schinken, mager
60 g Gorgonzola
3 Blatt Gelatine
1/8 l Hühnersuppe
1/8 l Schlagobers *(Schlagsahne)*
1 Eiweiß
Pfeffer
4 Scheiben Schinken und Essiggurken zum Garnieren

Gelatine in kaltem Wasser einweichen. Anschließend gut ausdrücken, 25 ml Hühnersuppe erhitzen und die Gelatine darin auflösen.

Schinken fein hacken und den Käse in kleine Würfel schneiden. Die Hälfte des Schinkens mit den Käsewürfeln in eine Schüssel geben und mit 100 ml Hühnersuppe mit dem Pürierstab fein pürieren. Die Gelatine unterheben.

Den Schlagobers steifschlagen, das Eiweiß zu steifem Schnee schlagen. Zuerst den Schlagobers, dann den Eischnee vorsichtig unter die Schinken-Käse-Mischung heben und mit Pfeffer würzen.

Das Mousse in eine Souffléform geben, glattstreichen, mit Folie abdecken und für mindestens 3 Stunden in den Kühlschrank stellen.

Tipp: Vor dem Servieren das Mousse mit Schinkenscheiben und halbierten Gurkenscheiben garnieren.

Shrimps-Avocado-Aufstrich

100 g Shrimps
1 Ei
1 Avocado
125 g Crème fraîche
1 Spr. Zitronensaft
Salz, Pfeffer

Das Ei hartkochen und anschließend kalt abschrecken. Schälen und mit der Küchenreibe fein raspeln. Shrimps quer halbieren. Avocado ebenfalls halbieren, entkernen und das Fruchtfleisch mit einem Löffel herausschälen. Das Fruchtfleisch klein schneiden, mit Zitronensaft beträufeln und anschließend mit dem Pürierstab fein pürieren.

Das Avocadopüree in eine Schüssel geben und mit Shrimps, Ei und Crème fraîche gut vermengen.
Mit Zitronensaft, Pfeffer und Salz würzen.

Tipp: Auf Weißbrotcrostinis streichen und mit Zitronenmelisse garnieren

Süße Tunfischpaste

4 Portionen

100 g Tunfisch, naturale
1 Bund Frühlingszwiebeln
6 Karotten
70 g Maiskörner
100 g Mayonnaise
100 g Senf, süß
Salz, Pfeffer

Frühlingszwiebeln schälen und fein hacken. Karotten schälen und mit einer Küchenreibe fein raspeln.

Tunfisch gut abtropfen lassen, mit Küchenpapier vorsichtig trockentupfen und anschließend mit einer Gabel zerdrücken. In eine Schüssel geben und mit den Maiskörnern und Karotten gut verrühren. Mayonnaise und Senf dazugeben und so lange rühren, bis der Aufstrich eine cremige Konsistenz hat.

Mit Salz und Pfeffer abschmecken.

Tipp: Nach Belieben lässt sich der Tunfisch auch durch Tofu ersetzen.

Emmentalercreme

150 g Emmentaler
150 g Butter, zimmerwarm
2 EL Weißwein
20 g Kresse
Salz, Pfeffer
1 Msp. Paprikapulver

Kresseblätter abschneiden, waschen, gut abtropfen lassen und fein hacken. Emmentaler mit einer Küchenreibe fein reiben.

In einer Schüssel die Butter mit dem Weißwein cremigrühren. Anschließend den Emmentaler dazugeben und gut vermengen. Den Aufstrich mit Salz und Pfeffer würzen.

Kurz vor dem Servieren die Kresse unterheben.

Tipp: Der Käse lässt sich am besten reiben, wenn man ihn vorher kurz in das Tiefkühlfach legt.

Linsen-Zucchini-Aufstrich

4 Portionen

50 g rote Linsen
100 g Zucchini
120 g Topfen
1 EL Curry
1 EL Sauerrahm *(saure Sahne)*
1 EL Kräuter, gehackt *(Petersilie, Koriandergrün)*
1 EL Zitronensaft
Salz, Pfeffer

Die Linsen in einem Topf kurz anrösten und mit heißem Salzwasser ablöschen. In 10 Minuten bissfest kochen. Anschließend abseihen, mit kaltem Wasser abschrecken und gut abtropfen lassen.

Die Zucchini grob raspeln und vorsichtig in einem Tuch ausdrücken.

Topfen und Sauerrahm in eine Schüssel geben und mit dem Curry gut verrühren. Zucchini und Linsen untermengen.

Den Aufstrich mit Zitronensaft, Salz und Pfeffer würzen.

Tipp: Statt Linsen eignen sich auch gehackte rote Chilibohnen.

Abendessen

Scharfer Linsenaufstrich

4 Portionen

250 g Linsen aus der Dose, rot
50 ml Pflanzenöl
1 Stängel Zitronengras
1 kleine Zwiebel
3 Knoblauchzehen
1/2 Stück Ingwer, frisch
1 TL Kurkuma
1 Stange Zimt
1/2 TL Koriander
1/2 TL Pfeffer, schwarz
1/2 TL Kreuzkümmel
1 Prise Asafötida *(Apotheke)*
1/2 TL Senfkörner, schwarz
1 Chilischote, getrocknet
Salz

Ingwer schälen und kleinwürfeln. Knoblauch kleinhacken, Zitronengras in kleine Scheiben schneiden. Kreuzkümmel, Koriander und Chili im Mörser zerkleinern.

Zwiebel kleinhacken und im Öl andünsten. Ingwer, Knoblauch und Zitronengras zugeben und mit anbraten. Senfkörner zugeben, bis sie zu platzen beginnen, die restlichen Gewürze kurz mitanbraten. Linsen unterrühren und mitrösten.

Mit Salz abschmecken, die Zimtstange entfernen und evtl. mit dem Pürierstab pürieren.

Tipp: Schmeckt am besten gut gekühlt. Nicht püriert ein herzhafter Salat!

Ziegenkäse-Aufstrich

4 Portionen

200 g weicher Ziegenkäse
2 gepresste Knoblauchzehen
1 Bund Basilikum
1 Bund Petersilie
1 Zweig Zitronenmelisse
1 EL Zitronensaft
2 EL Olivenöl
4 Stück Oliven, schwarz, entsteint

Die Gewürze und Oliven klein schneiden. Ziegenkäse, Gewürze, Zitronensaft und Olivenöl mit dem Pürierstab fein pürieren.

Tipp: Eignet sich auch als Dip-Soße.

Brunch & Lunch

Tofulaibchen mit Ziegenkäse-Dip und Tomatensalat

200 g Grünkern
400 ml Wasser
100 g Tofu
2 Kartoffeln
1/2 Zucchini
1 Bund gemischte Kräuter
1 Ei
2 EL Mehl
Salz, Pfeffer
Öl zum Braten
300 g Tomaten
1 kleine Zwiebel
4 EL Weißweinessig
4 EL Olivenöl
1 EL Senf
Salz, Pfeffer
Zucker

Den Grünkern mittelfein mahlen und eine Stunde im Wasser quellen lassen. Das Wasser sollte ganz aufgenommen werden. Den Tofu in kleine Würfel schneiden. Die Kartoffeln waschen, schälen und reiben. Zucchini waschen und reiben. Die Kräuter fein hacken.
Den Grünkern mit dem Gemüse und den Kräutern vermischen. Das Ei und den Tofu untermengen. So viel Mehl beigeben, dass die Masse sich gut zu Laibchen formen lässt. Gut würzen und zu gleich großen Laibchen formen.
Tomaten waschen und in Spalten schneiden. Die Zwiebel schälen und kleinwürfelig hacken. Essig, Öl und Senf in einer Schüssel gut verrühren, mit etwas Wasser verdünnen und mit Salz, Pfeffer und Zucker würzen. Tomatenspalten und Zwiebel untermengen.
Öl in einer Pfanne erhitzen. Die Laibchen darin beidseitig knusprig braten. Mit Tomatensalat und Ziegekäse-Aufstrich servieren.

Griechischer Feta-Aufstrich

4 Portionen

250 g griechischer Schafkäse
7 EL Olivenöl
4 EL Kürbiskerne, geröstet, fein gehackt
2 Knoblauchzehen
5 EL Basilikum
Salz, Pfeffer

Schafkäse mit der Gabel zerdrücken und mit Olivenöl glattrühren. Kürbiskerne, Knoblauch, Basilikum fein hacken und untermengen. Mit Salz und Pfeffer abschmecken. Mit Basilikumblättchen und gerösteten ganzen Kürbiskernen garnieren.

Tipp: Dazu passen sehr gut gebratene Melanzani.

Brunch & Lunch

Gebratene Melanzani mit Feta-Aufstrich

1 Melanzani
2 EL Olivenöl
Salz, Pfeffer

Melanzani waschen und in Scheiben schneiden. In Olivenöl beidseitig braten und anschließend mit Salz und Pfeffer würzen.

Mit Feta-Aufstrich und grünem Salat servieren.

Tofu-Aufstrich, mediterran

4 Portionen

150 g Tofu, natur
2 Knoblauchzehen
2 TL Olivenöl
1 TL Zitronensaft
2 EL Sojasoße
Salz, Pfeffer
2 Oliven, grün
1 TL Pfefferkörner, grün, eingelegt
1 TL Schnittlauch

Alle Zutaten mit dem Pürierstab fein pürieren.
Mit Schnittlauch am Brot garnieren.

Brunch & Lunch

Vegetarische Laibchen

1 Eigelb
100 g Kürbiskerne
100 g Schwarzbrot-bröseln
6 EL Olivenöl
100 g Sauerrahm *(saure Sahne)*
1 EL Schnittlauch
Salz, Pfeffer

Schnittlauch waschen, abtropfen lassen und in feine Röllchen schneiden. Sauerrahm mit Schnittlauch, Salz und Pfeffer vermengen und kühlstellen.

Alle Aufstrichzutaten fein schneiden – nicht pürieren. Das Eigelb unter die Aufstrichmasse rühren und mit feuchten Händen kleine Laibchen formen.

Kürbiskerne fein hacken und mit den Schwarzbrot-bröseln mischen. Die Laibchen darin wälzen. Olivenöl in einer Pfanne erhitzen und die Laibchen darin gold-braun ausbacken.

Mit dem kalten Schnittlauch-Dip servieren.

Salami-Ei-Aufstrich

4 Portionen

200 g Salami
50 g Zwiebel
50 g Gewürzgurken
2 Eier
2–3 EL Gourmet-Remoulade
2 EL Crème fraîche
1 EL Petersilie
1 TL Majoran
2 EL Schnittlauch

Eier hart kochen. Kräuter fein hacken. Salami, Zwiebeln, Gewürzgurken und Eier sehr klein schneiden.
Alle Zutaten gut miteinander verrühren. Mit Schnittlauch garnieren.

Olivenbrot

1 kg Dinkelmehl
1 EL Salz
300 ml Wasser
4 EL Olivenöl
300 ml helles Bier
1 Pkg. Trockenhefe
150 g Oliven, schwarz, entsteint, in Streifen geschnitten
Mehl zum Bestreuen

Mehl, Trockenhefe und Salz in einer Schüssel mischen. Wasser, Olivenöl und Bier dazugeben und zu einem glatten und geschmeidigen Teig kneten. An einem warmen Ort 1 bis 2 Stunden zugedeckt gehen lassen (die Masse soll sich verdoppelt haben).

Die Olivenstreifen unter den fertigen Teig kneten, einen länglichen Brotlaib formen und die Oberfläche mit einem scharfen Messer einritzen. Auf ein mit Backpapier ausgelegtes Backblech setzen, mit Mehl bestäuben und bei Raumtemperatur noch einmal 30 Minuten gehen lassen.

Backrohr auf 250 °C vorheizen und das Brot darin 10 Minuten backen, die Temperatur auf 200 °C einstellen und das Brot noch 40 Minuten fertig backen.

Kren-Aufstrich

4 Portionen

5 Radieschen
1 Zwiebel, klein, rot oder weiß
1 Bund Schnittlauch
250 g Topfen *(Quark)*, mager
1 EL Kren (Meerrettich)
Salz, Pfeffer

Radieschen in feine Stifte schneiden. Zwiebel schälen und kleinwürfelig schneiden. Schnittlauch in kleine Röllchen schneiden, Kren frisch reiben. Radieschen, Schnittlauch, Zwiebel und Topfen vermengen.
Mit Kren, Salz und Pfeffer abschmecken.

Tipp: Die Radieschen kann man auch durch fein geschnittene Gurken ersetzen.

Brunch & Lunch

Folienkartoffeln mit Kren-Aufstrich

4 große Kartoffeln, mehligkochend
Salz

Kartoffeln gut waschen, mit Salz einreiben und in Alufolie wickeln.

Backrohr auf 200 °C vorheizen und die Kartoffeln 1 Stunde darin garen. Kartoffeln aus der Folie wickeln, die Oberseite länglich einschneiden und etwas auseinanderziehen.
Den Kren-Aufstrich darauf verteilen und sofort servieren.

Wildkräuterbutter

4 Portionen

125 g Halbfettmargarine, zimmerwarm
1 Msp. Salz
2 Blätter Spitzwegerich
1/2 Bund Schnittlauch
1/2 Handvoll Schafgarbe-Blätter
2 Stiele Petersilie
2 Blätter Löwenzahn
2 Stängel Brennnesseln

Die Margarine mit Salz verrühren. Alle Kräuter waschen, gut abtropfen lassen, fein hacken, mit einer Gabel unter die Margarine mischen. Eine Rolle formen, in Alufolie oder Frischhaltefolie wickeln und kühlen.

Tipp: Diese Wildkräuterbutter schmeckt auch zu Fisch, kurz gebratenem Fleisch, Kartoffelbrei, Kartoffeln, Reis, Gemüse.

Brunch & Lunch

Wildkräuter-Zipfel

Halbfettmargarine durch Tofu ersetzen
1 Eigelb
200 g Blätterteig

Tofu in ganz kleine Würfel schneiden. Restliche Zubereitung wie oben beschrieben. Das Eigelb unterrühren.

Blätterteig in 10 x 10 cm große Quadrate schneiden. Die Fülle in die Mitte setzen und diagonal einschlagen. Die Ecken mit der Gabel festdrücken.

Im auf 180 °C vorgeheizten Backrohr 20 Minuten backen.

Dazu passt ein

Sauerrahm-Dip

200 g Sauerrahm
2 EL Schnittlauch
Salz, Pfeffer

Alle Zutaten gut miteinander verrühren und ca. 20 Minuten ziehen lassen.

Tipp: Wenn man die Margarine durch Topfen ersetzt, hat man ganz schnell einen vegetarischen Aufstrich.

Dunkler Bieraufstrich mit Schinken

4 Portionen

250 g Schinken, gekocht
2 EL Sauerrahm *(saure Sahne)*
100 ml dunkles Bier
1 Chilischote
2 EL Paprikapulver, edelsüß
1 TL Cayennepfeffer
1/2 Bund Petersilie
Salz, Pfeffer

Chilischoten entkernen und fein schneiden. Schinken würfelig schneiden, mit Sauerrahm vermengen und mit dem Pürierstab pürieren. Dabei nach und nach Bier zugeben, sodass eine cremige Masse entsteht. Chilischoten und Petersilie unterrühren. Mit Salz und Pfeffer würzen.

Tipp: Man kann diesen Aufstrich auch mit frischen Paprika-, Essiggurken- oder Eiwürfelchen verfeinern. Eignet sich hervorragend zum Überbacken von dunklem Bauernbrot (im Backrohr bei 220 °C Oberhitze).

Vollkorn-Mischbrot

400 g Weizenmehl
400 g Roggenmehl
200 g Weizenschrot
2 Pkg. Trockenhefe
1/2 EL Zucker
1/2 EL Salz
800 ml Wasser, lauwarm

Die Mehlsorten mit Zucker und Trockenhefe gut vermischen. Das Salz im Wasser auflösen, dazugießen und mit dem Mixer gut durchkneten. Danach auf einer bemehlten Arbeitsfläche so lange kneten, bis der Teig nicht mehr klebt.

Den Teig in einen Römertopf geben, abdecken und in das mit warmem Wasser gefüllte Spülbecken stellen. Den Teig etwa 1,5 Stunden gehen lassen. Anschließend das Gefäß ohne Deckel in das auf 200 °C vorgeheizte Backrohr stellen und ca. 1 Stunde backen.

Tipp: Vor dem Aufheizen ein feuerfestes Gefäß mit Wasser ins Backrohr stellen. Man kann auch Leinsamen, Sonnenblumenkerne, Sesam etc. nach Belieben unterkneten.

Bauernpastete

4 Portionen

250 g Schweinenacken
(Kammkotelett)
70 g Speck, durchwachsen
100 g Zwiebel
85 g Äpfel
50 g Halbfettmargarine
Pfeffer
40 g Gurken
(Cornichons)
1/4 Gemüsebrühwürfel
1 TL Majoran, getrocknet
1 EL Petersilie, gehackt
1 Knoblauchzehe
2 EL geriebene Karotte
1 TL Senf
1 EL Paprikapulver, edelsüß
1 Msp. Kümmelpulver
1 EL Schnittlauch
1 Msp. Estragon
Cayennepfeffer

Kammkotelett und Speck würfelig schneiden. Zwiebel in Ringe schneiden. Äpfel schälen und in Spalten schneiden. 30 g Halbfettmargarine erhitzen. Den Schweinenacken und den Gemüsebrühwürfel mit dem Speck anbraten. Zwiebel, Äpfel und getrockneten Majoran zugeben und 5 Minuten mitbraten. Das Fleisch ca. 1 Stunde auskühlen lassen.

Mit einem Fleischwolf zu einer feinen Farce verarbeiten. Halbfettmargarine schmelzen und mit den Kräutern und Cayennepfeffer zu der Fleischfarce geben und kurz durchrühren. Gurken feinwürfelig schneiden und mit frischem Majoran und gehackter Petersilie unterrühren. Abschmecken, in eine Steingutform füllen und zugedeckt über Nacht in den Kühlschrank stellen.

Tipp: Auf Bauernbrot streichen, mit Käse bestreuen und im Backrohr bei 200 °C ca. 20 Minuten überbacken.

Champignon-Enten-Terrine

1 ganze Ente
500 g durchwachsener Speck
2 EL Petersilie, fein gehackt
200 g Bratwurst, ohne Haut
1 Knoblauchzehe, zerdrückt
1 TL Öl
250 g Champignons
1 TL Obstbranntwein
80 ml Weißwein
175 ml Wasser
1 Zwiebel, fein geschnitten
Salz, Pfeffer

Die Knochen der Ente entfernen und das Fleisch in Würfel schneiden. Die Leber und das Herz auf die Seite legen. Den Speck zur einen Hälfte in dünne Scheiben und zur anderen in dicke Streifen zum Spicken schneiden.

Die dicken Speckstreifen in feingehackter Petersilie wenden und das Entenfleisch damit spicken.

Die Fleischreste von den Knochen lösen und mit der Leber und dem Herz fein hacken. Die Bratwurstmasse untermischen. Öl in einer Pfanne erhitzen, Knoblauch und Zwiebel kurz darin anbraten. Die Champignons ebenfalls ganz kurz anbraten. Die Pilze abtropfen lassen und grob hacken. Zu der Fleischmasse geben und mit Salz und Pfeffer würzen. Entenknochen, Zwiebel, Schnaps, Wein und Wasser in einen Topf geben. Die Flüssigkeit zum Kochen bringen und zugedeckt 2 Stunden langsam köcheln lassen. Anschließend abseihen.

Die Fleischmasse mit einigen Löffeln der Brühe verrühren. Eine Form (am besten aus Steingut) mit den dünnen Speckscheiben auslegen. Nun abwechselnd so lange je eine Schicht Fleischmasse und Entenfleisch einlegen, bis die Form gefüllt ist. Mit einer Schicht Speckscheiben abschließen. Die restliche Brühe dazugießen. Die Form verschließen und in ein Wasserbad stellen.

Im auf 170 °C vorgeheizten Backrohr ca. 2 1/2 Stunden garen lassen.

Die Terrine muss 24 Stunden abkühlen, bis sie fest ist.

Bärlauchaufstrich

4 Portionen

250 g Magertopfen
1/8 l Buttermilch
1 Handvoll Bärlauchblätter
Salz, Pfeffer

Topfen mit Buttermilch glattrühren.

Bärlauchblätter waschen, mit dem Küchenpapier trocknen und kleinschneiden. Unter die Topfen-Buttermilch-Mischung rühren und mit Salz und Pfeffer würzen.

Brunch & Lunch

Überbackene Bärlauchpalatschinken

2 Eigelb
60 g Mehl
2 Eier
1/16 l Milch
1/16 l Mineralwasser
Salz
Fett zum Ausbacken
100 g Käse, gerieben

Die Eigelb unter den Bärlauchaufstrich rühren.

Mehl, Eier, Milch, Mineralwasser und Salz zu einem glatten Teig verrühren. Für jede Palatschinke etwas Fett in der Pfanne heiß machen. Den Teig dünn einfließen lassen, anbacken, wenden und anschließend aus der Pfanne heben.

Die Palatschinken mit Bärlauchfülle bestreichen, einrollen und in eine Auflaufform schichten. Mit dem Käse bestreuen und bei 180 °C 15 Minuten backen.

Brennnessel-Topfen

4 Portionen

1 Handvoll junge Brennnesselblätter
250 g Magertopfen *(Magerquark)*
2 EL Buttermilch
1 EL Zitronensaft
1 Zehe Knoblauch
Salz, Pfeffer

Brennnesselblätter kurz in kochendem Wasser blanchieren, auskühlen lassen und etwas ausdrücken. Knoblauch feinhacken.

Topfen mit Buttermilch glattrühren und mit Knoblauch, Zitronensaft, Salz und Pfeffer würzen.

Die ausgekühlten Brennnesselblätter fein schneiden und unterrühren.

Brunch & Lunch

Bratkartoffeln mit Brennnessel-Topfen

250 g kleine Kartoffeln
1 EL Olivenöl
1/2 TL Salz

Backrohr auf 200 °C vorheizen. Kartoffeln sorgfältig waschen, abtrocknen und mit der Gabel an mehreren Stellen einstechen. In eine Schüssel geben und mit Öl und Salz gut einmarinieren. Auf ein mit Backpapier belegtes Blech geben und 40 Minuten backen.

Mit Brennnessel-Topfen servieren.

Asiatische Schinkencreme

4 Portionen

100 g Mango
100 g Ananas
100 g Schinken, mager
100 g Topfen *(Quark)*
1 Msp. Currypulver
Pfeffer

Schinken, Mango und Ananas in Würfel schneiden und in eine Schüssel geben. Den Topfen dazugeben und mit dem Pürierstab fein pürieren.

Mit Currypulver und Pfeffer würzen.

Tipp: Diese Creme passt sehr gut zu gegrilltem Hühnchen.

Brunch & Lunch

Frühlingsrollen mit fruchtiger Fülle

12 Blätter Frühlingsrollenteig
2 El Sesamöl
Öl zum Ausbacken
Sojasoße

Den Teig in 18 x 18 cm große Stücke teilen. Mit der Spitze nach vorne hinlegen. Die Schinkencreme im vorderen Drittel der Länge nach darauf verteilen und einmal einrollen. Die Seiten einschlagen und fertigrollen. Mit Wasser bestreichen und zukleben.

Im heißen Fett bei ca. 190 °C ausbacken. Mit Sojasoße bespritzen und servieren.

Käsetatar mit Paprika

4 Portionen

300 g Käse, würzig
150 g Halbfettmargarine
2 Zwiebeln
2 EL Senf
2 TL Paprikapulver, edelsüß
2 Eigelb
6 EL Sauerrahm
(saure Sahne)

Den Käse fein reiben. Zwiebeln fein hacken. Mit der weichen Margarine, Senf, Paprika und Sauerrahm gut verrühren.

Schwarzbrotscheiben mit einem Salatblatt belegen, mit Käsetatar bestreichen und mit einer Tomatenscheibe garnieren.

Foto Seite 170/171

Brunch & Lunch

Würziges Bauernbrot

8 Scheiben Schwarzbrot
2 EL Schnittlauch
1 EL Paprikapulver, edelsüß

Schnittlauch in kleine Röllchen schneiden. Schwarzbrotscheiben mit Käsetatar bestreichen und mit Paprikapulver und Schnittlauch bestreuen.
Backrohr auf 180 °C vorheizen. Die Schwarzbrotscheiben ca. 20 Minuten knusprigbacken.

Kalbsleber-Speck-Aufstrich

4 Portionen

200 g Kalbsleber
50 g Räucherspeck
1 kleine Zwiebel
2 EL Rotwein
1 TL Majoran
50 g Butter, zimmerwarm
Salz, Pfeffer

Die Zwiebel schälen und fein hacken. Die Leber mit kaltem Wasser abspülen, enthäuten und putzen, anschließend in feine Streifen schneiden. Räucherspeck in kleine Würfel schneiden.

In einer Pfanne die Speckwürfel ohne Zugabe von Fett bei milder Hitze auslassen, Zwiebel dazugeben und glasigdünsten. Die Leberstreifen in die Pfanne geben, mit Majoran und Pfeffer würzen und 5 Minuten mitbraten. Mit dem Rotwein ablöschen, vom Herd nehmen und etwas überkühlen lassen.

Die Masse in eine Schüssel geben und mit der Butter mit dem Pürierstab fein pürieren. Mit Salz und Pfeffer abschmecken.

Tipp: Den Aufstrich auf Bauernbrot streichen, mit fein geschnittenen Zwiebelringen belegen, mit scharfem Paprikapulver bestreuen.

Kalbfleisch-Aufstrich

4 Portionen

100 g Kalbfleisch
100 g Steinpilze
1 EL Butter
100 g Räucherspeck
1 Ei, hartgekocht
1 Semmel *(Brötchen)*
Milch zum Einweichen
1/2 Zwiebel
1/2 Bund Schnittlauch
Salz, Pfeffer

Die Rinde der Semmel entfernen und die Semmel in kleine Würfel schneiden. In Milch einweichen. Anschließend ausdrücken, passieren und in eine Schüssel geben.

Zwiebel schälen und fein hacken. Kalbfleisch und Räucherspeck kleinwürfelig schneiden. Die Pilze waschen, trockentupfen und klein schneiden.

Die Butter in einer Pfanne erhitzen, das Kalbfleisch und die Pilze darin bei milder Hitze rösten und abschließend mit Salz und Pfeffer würzen. Vom Herd nehmen und etwas auskühlen lassen. Anschließend passieren und in die Schüssel mit der passierten Semmel geben. Das Eigelb mit einer Gabel zerdrücken und mit dem Räucherspeck und der Zwiebel unter die Fleisch-Pilz-Masse rühren.

Schnittlauch waschen und in kleine Röllchen schneiden. Eiweiß klein hacken. Vor dem Servieren den Aufstrich damit bestreuen.

Tipp: Kartoffeln in feine Scheiben schneiden, auf ein mit Backpapier belegtes Blech legen, bei 200 °C ca. 15 Minuten backen. Salzen und noch warm zum Kalbfleisch-Aufstrich servieren.

ISBN 978-3-7088-0410-1

Fotos: Peter Bárci, Wien
Lektorat: Alexandra Ebner, Kneipp-Verlag
Buchgestaltung: Bruno Wegscheider

Reproduktion: Pixelstorm, 1190 Wien
Druck: Theiss GmbH, 9431 St. Stefan

1. Auflage Leoben, April 2007